HANS-GÜNTHER PÖLITZ

# SCHWAFEL, PECH UND PFERDEFÜSSE

DER TEUFEL STECKT
HINTER JEDEM KREUZ

EULENSPIEGEL VERLAG

# ALLER GUTEN DINGE SIND DREI …

sagt das Sprichwort. Ganz egal ob das Musketiere, Heilige Könige, Haselnüsse für Aschenbrödel, Engel für Charly oder Wünsche einer Fee sind.

Und nun auch noch drei Bücher von Pölitz.

Sportler haben drei Versuche. Der beste wird gewertet. Zwei habe ich schon weg. Nach »Abwatschen und Tee trinken« und dem »Alphabet des Schreckens« nun also »Schwafel, Pech und Pferdefüße«.

So sollte das Buch eigentlich gar nicht heißen. Das war nur der Untertitel. Gedacht hatte ich ursprünglich an »Der Teufel steckt hinter jedem Kreuz«. Schließlich geht es ja um die Jahre 2013 und 2014. Wobei das Erstere bekanntlich ein Wahljahr war, in dem wir in unserer Not wieder mal unsere Kreuze irgendwo hinmachen durften. Nachdem wir diese Notdurft verrichtet hatten, bekamen wir es dann 2014 prompt wieder mit »Schwafel, Pech und Pferdefüßen« zu tun, weil hinter jedem Kreuz eben der Teufel steckte.

»Und jenau dit Aas misste de Leute jleich vorne inne Oogen kiek'n«, sagte der Verlag in seiner ortsansässigen Sprache. »Kinnings, wir knallen det Monstrum einfach uff de Titelseite!«

»Naja, dann dun mer das ähm so machen«, antwortete ich in meiner angeborenen Mentalität.

So machte der Verlag seinem Namen alle Ehre. Die Eule spiegelte den Untertitel zum Oberbegriff.

Jedenfalls könnten Sie, als Leser, jetzt auch bis drei zählen, falls ich auf Sie als Leser zählen könnte. Wobei natürlich nicht nur Leser, sondern auch Leserinnen sehr willkommen sind. Gerade jetzt, wo unsere Bundesregierung die Quotenregelung beschlossen hat. Da kann Mann nur sagen: »Frauen, lest, was eure Geschlechtsgenossinnen Angela Merkel, Ursula von der Leyen oder Andrea Nahles vollbracht haben.

In der abendländischen Kultur, die wir ja jetzt so vehement verteidigen sollen, steht die Drei auch als Symbol für die christliche Dreifaltigkeit von Vater, Sohn und dem Heiligen Geist, der von ihnen ausgeht.

Das Buch mit der Nummer Drei steht mehr für die unchristliche Einfältigkeit von »Mutti« und ihren »Söhnen« Horst, Sigmar, Joachim, und wie sie alle heißen, und dem Heiligen Bimbam, der ihnen nie ausgeht.

Das dritte Buch. Das klingt ja fast etwas wie »Der dritte Mann«. Der Film, in dem Orson Welles als Harry Lime durch die dunklen, unteririschen Kanäle von Wien geht.

Im »dritten Buch« dagegen versuchen wir uns in den dunklen Kanälen der unterirdischen Politik in Berlin zurechtzufinden, die uns zum Harry macht, wenn wir ihr auf den Leim gehen. Und spätestens hier kommt man ins Stutzen, ob wirklich aller guten Dinge drei sind? Befinden wir uns doch in der dritten Legislaturperiode von Angela Merkel …

Aber urteilen Sie selbst, liebe Leser. Lassen Sie sich dabei am besten von den drei Tugenden leiten: Glaube, Liebe, Hoffnung. Vom Glauben, dass nichts erfunden ist, von der Liebe zur Satire und von der Hoffnung, dass es nur noch besser werden kann.

So wie es zu unserer abendländischen Kultur, also der Kultur am Abend in unserem Land gehört, die »dritten

Zähne« in das Glas zu legen, das auf dem Nachttisch steht, nehmen Sie am besten im Gegenzug das »dritte Buch«, das neben dem Glas liegt in die Hand und lesen noch etwas im Verlauf der Deutschen Geschichte(n). Und es müsste schon mit dem Teufel zugehen, wenn Ihnen nach dem Schwafel, dem Pech und den Pferdefüßen kein »Gute Nacht, Deutschland!« über die Lippen kommt.

Blicken wir also nun wieder in wöchentlichen Sprüngen dem täglichen Wahnsinn der vergangenen zwei Jahre ins Auge. Den Hörern von MDR-Sachsen-Anhalt lag ich damit bereits in den Ohren.

Aber wer nicht hören will, kann ihn jetzt auch lesen, den Schwafel der Politik, dass die Familienfreundlichkeit zunehmen soll. Was allerdings stark nach Schwefel riecht, weil dies nur im Krieg geschehen soll. Im Frieden nimmt die Freundlichkeit für die Familien dagegen ab.

Der deutsche Bundespräsident mutiert von einer Friedenspfeife immer mehr zu einer Kriegstrompete. Statt »Schwerter zu Pflugscharen« fordert er »Schwerter zum Flughafen«. Da hofft man, dass der in Berlin nie fertig wird.

Die Politik reitet das »Goldene Kalb« als Steckenpferd. Lobby statt Hobby. Der Pferdefuß dabei ist: Schulen und Theater werden minimiert, Diäten maximiert. Materieller Reichtum gebiert geistige Armut. Goethe & Schiller sind Vergangenheit. Heckler & Koch die Zukunft. Der Lauf des Lebens ist auf uns gerichtet. Die Politiker schießen. Einen Bock nach dem anderen. Und sie machen aus den Menschen Schießbudenfiguren.

Es ist Zeit zurückzuschießen. Jegliche Treffer erfolgen jedoch ohne Gewehr.

# 5. JANUAR 2013

So, Muttilein, jetzt schlägt's dreizehn. Also, 2013 meine ich. Und die Dreizehn verheißt ja nichts Gutes. Zum Beispiel 1813 war die Völkerschlacht bei Leipzig.

1913 wurde das Denkmal dafür eingeweiht und 2013 bricht Wolfgang Thierse eine Völkerschlacht beim Bäcker vom Zaun. Zwischen Schwaben und Berlinern. Er will den Schwaben verbieten, in Berlin zu den Schrippen »Wecken« zu sagen.

Im Gegenzug nennen die Schwaben den Thierse jetzt nicht mehr »Sozialdemokrat«, sondern »Schwaben-Sarrazin«.

Aber das Jahr 2013 birgt noch andere Schrecken. Es ist ein Wahljahr.

Davor gruselt es nicht nur denen, die wählen sollen, sondern auch denen, die gewählt werden wollen.

Peer Steinbrück hat jetzt mitbekommen, was man als Bundeskanzler in diesem Land so verdient. In seinen Augen viel zu wenig. Jeder Sparkassendirektor würde da mehr verdienen, hat er gesagt.

Ja, Muttilein, da frage ich mich doch, warum will er denn dann Bundeskanzler und nicht Sparkassendirektor werden? Einige sagen ja schon, Steinbrück soll gar nicht sein richtiger Name sein. Den hätte er nur angeheiratet. Eigentlich hieße er Peer Vers.

Ist doch wahr, Muttilein, immer wenn du was von dem Mann hörst, dann hat das nur mit Geld zu tun. Jetzt hat der schon Angst, dass er unter die Armutsgrenze rutscht, wenn er als Bundeskanzler gewählt werden würde. Aber er muss gar keine Angst haben … Nein, Muttilein, jetzt nicht, dass er gewählt wird, ich meine, wenn er weniger verdient. Selbst wer heute Hartz IV bezieht, dem geht es immer noch besser, als wenn er in der DDR Vollverdiener gewesen wäre …

Nein, Muttilein, ich habe keinen Alkohol im Tee. Ich habe ihn nur im Kopf. Den Satz, meine ich, den unser Ministerpräsident Haseloff in der »Mitteldeutschen Zeitung« von sich gegeben hat: Er und seine Familie mit zwei Kindern hätten vom Einkommen her in der DDR von 82 Prozent des heutigen Hartz-IV-Regelsatzes leben müssen.

Dabei hat er aber offensichtlich vergessen, dass z. B. in der DDR die Schulmilch nur 15 Pfennige kostete … Ja, Muttilein, auch alle Medikamente waren ohne Zuzahlung, das Gesundheitswesen war kostenlos, das Brot schon für 78 Pfennige zu haben und ein Helles für 48 … Das weiß ich auch. Ich habe aber die Schulmilch ganz bewusst genommen. Als Symbol dafür, dass das von dem Haseloff eine Milchmädchenrechnung ist, verstehste?

Weeßte Muttilein, da wurde zum Jahreswechsel andauernd vor ausländischen Knallern gewarnt. Die wären gefährlicher als ein Molotow-Cocktail, hieß es. Aber so ein einheimischer Haseloff-Cocktail kann genauso ins Auge gehen. Nach seinem Kracher 2012 mit der DDR-Personenkennzahl, aus der ja angeblich die Religionszugehörigkeit herauszulesen gewesen wäre, hat er nun 2013 gleich wieder klargestellt: Es fällt der Doktor Haseloff, vor allem durch Gefasel off.

## 12. JANUAR 2013

Muttilein, erinnerst du dich noch an die Geschichte, in der ein Flugschüler auf Urlaub fährt und sich so dämlich anstellt? Wie hieß denn die gleich? … Nee, nicht »Quax, der Bruchpilot«. Das war Heinz Rühmann. Die Geschichte, die ich meine, die hat der Manfred Krug immer erzählt. Da war im Titel was mit einem Tier, das in ein Flugzeugtriebwerk geraten war … »Die Kuh im Propeller«, jetzt hab ich's … Was sagste? … Wie ich jetzt darauf komme? … Weil ich hier gerade was von dem neuen Flughafen in Berlin lese. Da ist jetzt der Erste geflogen. Wowereit aus dem Aufsichtsrat.

Jetzt soll nun sein Co-Pilot Platzek an den Steuerknüppel. Also, an die Stelle, wo unsere Steuer knüppeldick in den märkischen Sand gesetzt wird. Und wie bei der »Kuh im Propeller« – Grigori Kossonossow hieß der, jetzt weiß ich's wieder – also, so wie der Kossonossow damals sagte: »Agitiert nur, agitiert nur!«, trat der Wowereit noch mal vor die Presse und sagte: »Also, so ist das Flugwesen, Genossen Bauern« … Was sagste, Muttilein? … Wieso der Bauern gesagt hat? … Na, weil bei der Presse wahrscheinlich auch welche vom Bauer-Verlag dabei waren. »Also, so ist das Flugwesen, Genossen Bauern! Da ihr ein, naja, na Gott naja, ungebildetes Volk seid, werde ich euch etwas von der Politik erzählen. Hier, sagen wir mal, ist Tegel und dort vielleicht Schönefeld. Und hier naja, überhaupt …«

»Worüber redest du eigentlich?«, fragten die Journalisten. »Worüber?«, erwiderte Wowereit empört, »über das Flugwesen natürlich!«

Aber während der Kossonossow damals sagen konnte: »Das entwickelt sich«, konnte Wowereit nur sagen: »Das verzögert sich.«

Die Entrauchungsanlage entraucht nicht, die Sprinkleranlage sprinkelt nicht, die Kühlung kühlt nicht, die Terminals können die Termine nicht halten, die Kofferbänder nicht die Koffer.

»Ja, ja, Verschiedenes passiert so! Da ist einmal eine Kuh in den Propeller gekommen! Ritsch, ratsch, weg war sie«, sagte damals der Kossonossow. Jetzt sind es Bäume.

1036 Bäume sind am Flughafen falsch gepflanzt worden. Ritsch, ratsch, weg war'n sie!

»Und Vögel?«, fragten ängstlich die Grünen. »Auch Vögel!«, sagte Wowereit.

»Und darum meine ich«, sagte der Redner weiter, »sammelt vielleicht die ganze Bevölkerung etwas Geld.«
»Wofür denn bloß?«, fragten neugierig die Journalisten.
»Für den Flughafenchef natürlich«, lautete die Antwort.
»Damit der weiter 355 000 € jährlich Gehalt bekommen kann.« Und selbst wenn er für die Schlampereien von seinem Sessel fliegen würde, müsste er laut Vertrag noch 1,8 Millionen Abfindung bekommen. Ich sage dir, Muttilein, das Einzige, was sich in Berlin entwickelt, ist nicht das Flugwesen, sondern das Unwesen. Denn dort ist nicht nur eine Kuh im Propeller, sondern eine ganze Herde Rindviecher im Getriebe.

# 19. JANUAR 2013

Muttilein, kennst du den Unterschied zwischen dem neuen Flughafen in Berlin und der SPD? … Nee? … Von dem Flughafen kann man weder starten noch landen. Die SPD ist zwar gestartet, kann aber nicht landen. Bei den Wählern. Obwohl ihr Kanzlerkandidat sich schon im Sinkflug befindet.

Nach einer Umfrage ist der *Peer* bereits unbeliebter als der Guido. Jetzt rätselt die SPD herum, woran das liegen kann. Wenn du mich fragst, Muttilein, das liegt eindeutig am Namen des Kandidaten.

Die SPD hat von Anfang an die *Peer*sonalfrage nicht richtig gestellt. Jetzt steht sie vor den Auswirkungen und ist *Peer*plex. Weil der *Peer*manent wie ein *Peer*petuum mobile von einem Fettnapf in den anderen tritt. Erinnere dich mal, Muttilein, vor ein *peer* … äh, paar Wochen hat der *Peer* noch gesagt, dass es mit ihm keine Erhöhung des Kindergeldes geben wird. *Peer* saldo, sagte er, würden selbst 10 € nur für zwei Pinot Grigio reichen. Wohlgemerkt für zwei Gläser, denn eine Flasche, die nur 5 € kostet, würde er sich, also *Peer* se, nicht kaufen. Damit war er für viele nur noch eine *Peer*sona non grata, mit der keine *Peer*estroika zu machen ist. Also, keine Umgestaltung der Gesellschaft. Jetzt merkte die SPD, dass ihre *Peer*formance nicht stimmt. Deshalb wollte sie schnell die *Peer*spektive wechseln und es mit *Peer*kussion versuchen, also ihre Wähler zusammentrommeln. Die sollten den Kandidaten *Peer*sönlich kennenlernen.

*Peer* Annonce wurden nun *Peer*sonen gesucht, bei denen sich der Problem-*Peer* als Mister *Peer*fekt darstellen kann. In der Zeitung mit den großen Buchstaben las sich das *Peer*-Zitat so: »Wenn mir im Wohnzimmer ein Eierlikör angeboten wird, werde ich glatt einen mittrinken.« Wahrscheinlich nahm *Peer* an, er könne dann die Prozente des Eierlikörs zu seinen Umfragewerten hinzurechnen. Dann wäre er schon bei 38 Prozent. Wobei 20 davon auf den Likör zurückzuführen wären.

Die SPD fühlte sich schon wie der Hase im Rausch und sang: »Ei, ei, ei – *Peer*poorten, *Peer*poorten aller Orten!«, als herauskam, dass der erste Besuch dummerweise bei der Familie einer Parteifreundin stattfand und so zur *Peer*siflage wurde.

Thomas Oppermann von der SPD-Bundestagsfraktion sagte *Peer* Interview, der nächste Einlader »ist natürlich kein Sozialdemokrat, sondern ein Mann aus dem Leben«. Ob er man weiß, was er da *Peer*fides gesagt hat? Sozialdemokratie und Leben sind zwei verschiedene Latschen.

Muttilein, selbst wenn die dann statt Eierlikör *Peer*nod trinken ... Warum gerade den? Weil der 40 Prozent hat, Muttilein. Damit käme *Peer* dann auf 58 Prozent und hätte somit die absolute Mehrheit ... Das war ein Witz, Muttilein. Der *Peer*sonenzug für die SPD ist abgefahren. Sie hat für den Wahlkampf zwar eine *Peer*sönlichkeit gesucht, gefunden hat sie aber nur *Peer* Steinbrück.

## 26. JANUAR 2013

Muttilein, jetzt weiß ich auch, warum ihr Frauen immer so Angst habt vor der Cellulitis. Früher, also als wir noch ein anderes Land waren, da haben wir ja noch Witze darüber gemacht: Lieber eine Orangenhaut, als gar keine Südfrüchte.

Aber seit das Ding passiert ist, da kann einem das Lachen schon vergehen …

Was für ein Ding? …

Na, Muttilein, haste denn das nicht gelesen, was der jungen Frau passiert ist, die vergewaltigt wurde? … Nee, Muttilein, nicht in einem Bus. Das war in Indien. Das, was ich meine, war in Köln. In zwei Krankenhäusern … Nee, die Frau wurde da drin nicht vergwaltigt, die wurde da drin abgewiesen, weil sie vergewaltigt worden ist. Auf einer Party. Die Notärztin hatte versucht, das Opfer in zwei Krankenhäusern unterzubringen, um Spuren der Tat gerichtsverwertbar, wie das im Amtsdeutsch heißt, zu sichern.

Aber diese Krankenhäuser gehören eben zum katholischen Orden – jetzt horche hin, Muttilein – der »Celluliterinnen zur Heiligen Maria«. Die muss also auch schon so was gehabt haben.

Soweit der Spaß, Muttilein. Der hört aber jetzt auf, weil es die Kliniken nämlich abgelehnt haben, eine Untersuchung durchzuführen, da ein Arzt dann auch auf eine drohende, ungewollte Schwangerschaft und die »Pille danach« hätte hinweisen müssen. Und das war nicht machbar …

Nein, Muttilein, nicht aus medizinischen Gründen.

Aus katholischen. Wer als Arzt so etwas macht, wird in einem katholischen Krankenhaus sofort entlassen, denn der ist nicht dem Hippokrates unterstellt, sondern dem Kardinal Meisner. Und schon Jesus sagte: »Niemand kann *zwei Herren* dienen; denn entweder wird er den einen *hassen* und den andern *lieben* oder er wird einem *anhängen* und den andern *verachten.*«

Gut, sagt sich da so ein Arzt: »Hippokrates ist tot, aber Joachim Kardinal Meisner lebt.« Und der ist mein Arbeitgeber.

Aber der Meisner heißt ja nicht umsonst Joachim. So wie der Vater von der Jungfrau Maria. Also, der Großvater von Jesus. Und deshalb steht der Meisner auf dem Standpunkt, dass die Maria das ja auch durchgemacht hat. Die ist ja anno dunnemals auch von einem Unbekannten geschwängert worden. Mit dem Ergebnis, dass wir heute Weihnachten feiern. Worüber sich der Handel bekanntlich in jedem Jahr sehr freut.

Und wenn es auch bei der jungen Kölnerin nicht der Heilige Geist war, der sie geschwängert hat, sondern mehr der Himbeer- oder Weingeist, freut sich nach neun Monaten der Handel genauso, weil er ja wieder Windeln, Strampler und Schnuller absetzen kann.

Muttilein, das ist im Groben der Inhalt der »ethischen Grundlagen«, die Kardinal Meisner an die Krankenhäuser verteilt hat. Dabei handelt es sich wohl weniger um Gottes Werk als um Teufels Beitrag.

Die katholische Kirche hat also nicht nur ein gestörtes Verhältnis zu missbrauchten Kindern, sondern jetzt auch noch zu missbrauchten Frauen.

## 2. FEBRUAR 2013

Muttilein, das geht einem alles aber so was von auf den Keks … Was sagste? … Der ist weg. Nein, Muttilein, ich meine jetzt nicht den goldenen Leibniz-Keks von Bahlsen, den irgendein Krümelmonster in Hannover geklaut hat. Ich meine, womit wir schon seit über einer Woche beschäftigt werden. Einer Reporterin vom »Stern« ist eingefallen, dass Rainer Brüderle vor einem Jahr mal zu ihr gesagt hat: »Sie können ein Dirndl auch ausfüllen.« Da frage ich mich doch: Warum rückt die denn damit erst jetzt raus? …

Was sagste, Muttilein? … Weil der Brüderle Spitzenkandidat bei der FDP geworden ist! Bingo! Erinnere dich mal, wann kamen denn die Nebenjobs von Steinbrück ins Gerede? … Richtig, als er Spitzenkandidat der SPD wurde. Und als Nächster ist dann wahrscheinlich der Gysi dran. Da ist der wieder mal IM gewesen. Und obwohl das alles so durchsichtig ist, vernebelt es die Gehirne. Wen interessiert da schon, dass in Ägypten der Ausnahmezustand verhängt wurde? Sich der Einsatz der Bundeswehr in Afghanistan verlängert? Unbemannte Kampfdrohnen angeschafft werden sollen? Oder der Militäreinsatz in Mali ausgeweitet wird?

Dafür werden die Leute in den Nachrichten mit Nacktrodeln auf Kuchenblechen und der Nominierung des »Dschungelcamps« für den »Grimme-Preis« abgelenkt.

Das musste dir mal vorstellen, Muttilein, wenn der dicke Klaus im Dschungel seine vier Buchstaben blank zieht und dazu gesungen wird: »An der Nordseeritze …« Das soll jetzt

Kunst sein. Eine Sendung, die ihre Einschaltquoten damit macht, dass ein grenzdebiler Helmut Berger der Mutter von Daniela Katzenberger an den Busen grapscht, wird vorgeschlagen für einen Preis, der vergeben wird für Beiträge, die, ich zitiere wörtlich, »Vorbild für die Fernsehpraxis sein können«. Aber wenn der Helmut Berger der FDP, also Rainer Brüderle, nachts an einer Hotelbar eine flapsige Bemerkung macht, ist das plötzlich sexistisch … Nein, Muttilein, ich will den Brüderle nicht verteidigen. Aber verlogener geht es doch gar nicht. Man weiß doch seit Langem, dass Rainer Brüderle der personifizierte Herrenwitz ist. Also, ein Herr der Witze, die nach hinten losgehen. Denke doch bloß mal dran, als er sagte, dass Schäuble und er dicht beieinander ständen. »Auch wenn ich jetzt stehen muss und er sitzen kann.« Gab's da hinterher etwa eine Debatte um die Diskriminierung von Behinderten? Nee!

Ich sage dir, Muttilein, so wie der geklaute Keks eine Riesenreklame für Bahlsen ist, so ist die Dirndl-Story für den »Stern« die größte Publicity seit den »Hitler-Tagebüchern«.

Was darfste denn in Gegenwart einer Frau heute überhaupt noch sagen? Stell dir doch mal vor, ich will einer schwangeren Frau, die eine Reifenpanne hat, helfen, und sage: »Na, gute Frau bei ihnen ist wohl der Gummi geplatzt?« Da bin ich jetzt gleich ein Sexist. Oder wie?

Muttilein, ich sage dir: Was diese Gesellschaft hat, ist weniger ein sexuelles Problem, als vielmehr ein intellektuelles.

## 9. FEBRUAR 2013

Tja, Muttilein, in Berlin laufen ja jetzt wieder die Filmfestspiele. Ein Film wird schon heiß diskutiert: »Doktor Schavan go«. Auf Deutsch: Doktor Schavan geht – erst der Titel verloren und dann das Amt ... Woher ich das wissen will? ... Ganz einfach, weil sich die Angela das gar nicht leisten kann, statt einer Bildungsministerin, nur noch eine Einbildungsministerin zu beschäftigen. Außerdem hat die Schavan ihre Schuldigkeit getan. Die hatte man doch damals nur vorgeschickt, um den Guttenberg zur Strecke zu bringen; und zwar mit dem Satz: »Ich schäme mich nicht nur heimlich.« Worauf jetzt Guttenberg über die Schavan schon gesagt haben soll: »Ich freue mich nicht nur heimlich, sondern unheimlich.«

Obwohl, Muttilein, eigentlich kann man die beiden nicht so einfach miteinander vergleichen. Der Karl-Theodor hatte es ja viel einfacher. Der brauchte bloß ein paar Computertasten zu drücken und schon kam das Wissen von anderen zu Guttenberg. Daher auch sein Name: von und zu Guttenberg. Die Annette dagegen hat vor 30 Jahren alles noch mit der Hand abschreiben müssen. Das war noch richtige Arbeit. Doktorarbeit. Dachte sie. Dafür hat sie viel Energie aufgebracht. Kriminelle, wie jetzt die Universität sagt. Und trotzdem will die Schavan gegen den Entzug ihres Doktortitels klagen. Muttilein, das ist wie in dem Witz, wo der Richter die Angeklagte fragt: »Geben Sie zu, dass Sie Ihren Mann erstochen haben?« Worauf die Angeklagte sagt: »Nein, Herr Richter, er ist mir aus Versehen ins Messer gelaufen. Und das zehnmal hintereinander.«

Tja, Muttilein, mit Titeln ist das so eine Sache. Man sagt ja nicht umsonst, die werden verliehen. Irgendwann muss man die eben wieder zurückgeben.

Das ist übrigens nicht nur bei Doktoren so, sondern auch bei Städten. Gugge mal, Muttilein, Wolgograd z.B. soll jetzt auch wieder Stalingrad heißen. Allerdings nur an sechs Tagen … Welche das sind? … Na, das werden die Tage sein, an denen Stalin eine gute Tat vollbrachte. Die Schlacht bei Stalingrad gewonnen oder Hitler endgültig besiegt hat … Und die anderen vier Tage? … Das werden die sein, an denen er niemanden liquidiert hat. Und wenn diese Tage vorbei sind, wird der Stadt der Titel wieder entzogen.

Vielleicht sollte man Doktortitel in Zukunft auch bloß noch … Nee, Muttilein, nicht tageweise, aber nur seitenweise vergeben. Also nur für die Seiten, auf denen Weises zu finden ist, das man selber gedacht hat. Wenn dann hinter dem Titel noch eine Zahl stünde, sagen wir mal Dr. 12 – da wüsste man – aha, der hat nur auf 12 Seiten selber gedacht. Bei Dr. 397 wüsste man dagegen: Oh, das ist ein ganz Schlauer. Aber das nützt der Schavan jetzt auch nichts mehr. Die muss zurücktreten … Wie ich darauf komme? … Ganz einfach, weil sich die Angela bereits nach einer Nachfolgerin umgesehen hat. Was denkst denn du, Muttilein, warum die kürzlich in Chile war? Wahrscheinlich um Margot zu fragen, ob die nicht Lust hätte, wieder Bildungsministerin zu werden. Die wäre auf jeden Fall eine sichere Bank … Wieso? … Na, Muttilein, weil die Honeckern doch bloß Dr. h.c. ist. Da sie keine Doktorarbeit geschrieben hat, kann sie auch nicht wegen eines Plagiats auffliegen.

# 16. FEBRUAR 2013

Muttilein, ich frage mich langsam, ist das jetzt bloß Zufall oder geht das so weiter, dass in diesem Jahr alles zurücktritt, was mit B losgeht? Erst die Königin Beatrix, dann die Bundesbildungsministerin. Und jetzt auch noch der Papst … Was sagste, Muttilein? … Papst wird nicht mit B geschrieben … Nee, aber Benedikt.

Da fragt man sich doch: Wer ist denn wohl das nächste B, das zurücktritt?

Die Bundeskanzlerin? Oder der Bundespräsident?

Na, bei Gauck hätte nicht viel gefehlt, dass der mit tränenerstickter Stimme zum Rücktritt des Papstes noch gesagt hätte: »Ich stehe für die neue Aufgabe gern zur Verfügung.« Na, ist doch wahr, Muttilein, der denkt doch, weil er als erster Ostdeutscher Bundespräsident geworden ist, kann er auch noch als erster Evangele Papst werden. Gut, das wäre ein echter Beitrag zur Ökumene, aber Gott sei Dank wurden gerade die Kameras noch rechtzeitig abgeschaltet, bevor er auf die Idee kam.

Jetzt sind ja alle noch am Rätseln, warum der Benedikt das Handtuch geworfen hat. Stimmt was mit seiner Doktorarbeit nicht? Hat er den lieben Gott falsch zitiert? Oder hat er gar als klerikales Brüderle zu einem Ordensschwesterle gesagt: »Na, sie können aber eine Nonnentracht auch ausfüllen«?

Jedenfalls war das der erste Rücktritt eines Papstes seit 1294. Die Älteren werden sich vielleicht noch daran erinnern, als damals Papst Coelestin V. nach nur fünf Monaten Amtszeit zurückgetreten ist, weil er Probleme mit dem

Stuhl hatte. Die einen hielten ihn für zu weich, die anderen für zu hart … Nicht den Stuhl, Muttilein, den Papst! Die dritten behaupteten sogar, er wäre überhaupt nur gewählt worden, um den Stuhl für seinen Nachfolger anzuwärmen.

Das musste dir ungefähr so vorstellen wie 1990. Da wurde ja auch erst Lothar de Maizière gewählt, weil sich Helmut noch nicht gleich auf den Thron setzen konnte, da über ihn erst noch der Mantel der Geschichte ausgebreitet werden musste.

Jedenfalls hat kein Papst seit damals von sich aus gekündigt. Entsprechend war ja auch die Reaktion seines Arbeitgebers. Der hat mit der Faust derartig auf die Wolke gehauen, dass daraus ein Blitz in den Petersdom gefahren ist. Benedikts Rücktritt war sozusagen eine Blitzaktion. Keiner hat davon gewusst.

Jetzt kommt die katholische Kirche völlig durcheinander. Papst war bisher immer ein Job auf Lebenszeit. Bis dass der Tod ihn scheidet. Also hin. Eine andere Scheidung ist ja für Katholiken Sünde. Aber jetzt werden viele sagen: »Heu?« Wenn der Papst sagt: »Ich kann die Last des Hochamtes nach acht Jahren nicht mehr tragen«, warum soll ich da nach acht, zehn, zwölf oder wie vielen Jahren nicht auch sagen dürfen: »Ich kann die Last des Eheamtes nicht mehr tragen.« Oder wenn der Papst sagt: »Ich bestimme selbst über meinen Körper!« und tritt ab, warum soll dann eine Frau nicht auch sagen dürfen: »Mein Körper gehört mir!« und treibt ab? Auf diese Fragen muss der Vatikan jetzt antworten. Aber da reicht wohl ein Blitz im Petersdom als Erleuchtung nicht aus.

# 23. FEBRUAR 2013

Na, Muttilein, jetzt ist aber die Kanzlerin auf Nummer sicher gegangen … Na hier, mit der neuen Bildungsministerin: Dr. Johanna Wanka, meine ich.

»Nee«, hat sich Änschie gesagt, »mit den Wessis gibt's nur Ärger, wenn die einen Doktortitel haben. Die haben alle bloß kopiert. Da nehme ich lieber eine aus dem Osten.« Da gab's keine Kopiergeräte. Wir haben alles noch ehrlich mit der Hand abgeschrieben. Bei Marx z. B.: »Die Theorie wird zur materiellen Gewalt, wenn sie die Massen ergreift.« und solche Sachen. Was ja nicht direkt falsch war. Das merkt ja die Merkel auch. Der Titel ihrer Doktorarbeit lautet nämlich: »Untersuchung des Mechanismus von Zerfallsreaktionen mit einfachen Bindungsbruch«. Das kommt ihr in ihrer jetzigen Arbeit sehr zugute. Sie kann die Zerfallsreaktionen der schwarz-gelben Koalition sehr gut berechnen. Voraussichtlicher Termin: 22. September 2013.

Bei einfachen Bindungen an bestimmte Themen kommt es ja jetzt schon immer häufiger zum Bruch. Mit der FDP. Und die Wanka hat ja ihren Doktor zum Thema »Lösung von Kontakt- und Steuerproblemen mit potentialtheoretischen Mitteln« gemacht.

Sie hat also theoretisch das Potential, Probleme zumindest zu steuern. Zu lösen, das wird sich noch zeigen. Zum Beispiel das Problem mit der Sitzenbleiberei.

Die soll ja jetzt auch bei uns in Sachsen-Anhalt abgeschafft werden. Schon wegen unseres Slogans: »Wir stehen früher auf«. Da können wir doch dann nicht länger in der

Schule rumsitzen. Das kostet das Land zu viel Geld. Über 45 Millionen.

Und dieses Geld könnte dann für andere Zwecke verwendet werden. Zum Beispiel für eine neue Kampagne: »Wir stehen noch früher auf«.

Bloß, was machen wir dann den ganzen Tag? … Was sagste, Muttilein? … Du meinst, das Geld könnte dann in die individuelle Förderung der lernschwachen Schüler gesteckt werden … Schön wär's ja, aber dafür will man ja jetzt schon kein Geld ausgeben, denn dazu brauchteste nämlich mehr Lehrer und kleinere Klassen. Lieber schließt man aber ganze Schulen. Ein dummes Volk regiert sich gut.

Stell dir mal vor, Muttilein, wer bis zur 10. Klasse durchgeschleift wird, obwohl er in Biologie eine 6 hat, weil er den Unterschied zwischen Rind und Pferd nicht kennt, ist doch ein idealer Verbraucher.

Sitzenbleiber dagegen sind viel gefährlicher. Edmund Stoiber blieb in der 7. Klasse hängen, weil er noch schlechter Latein sprach als Deutsch. Heute vertritt der uns in Brüssel. Klaus Wowereit kann nicht mal einen Flughafen bauen. Christian Wulff blieb auch sitzen. Zwar nicht auf dem Stuhl des Bundespräsidenten, aber dafür in der 10. Klasse. Für diese Ehrenrunde bekommt er jetzt lebenslänglich 217 000 € Ehrensold. Und Peer Steinbrück brauchte für die achte, neunte und zehnte Klasse fünf Jahre und jetzt will er Kanzler werden. Das ist doch der Beweis, Muttilein, Sitzenbleiber kommen uns teuer zu stehen.

## 2. MÄRZ 2013

Muttilein, das gab es ja noch nie, dass im Februar schon Himmelfahrt war.

Na, der Papst ist doch am Donnerstag in den Himmel gefahren. Also, mit seinem Hubschrauber. Ja, hat er sich gesagt, eh im Vatikan noch was anderes auffliegt, da mache ich mal lieber den Abflug. Es war ja für den Vatikan ein Glücksfall, dass die einen Deutschen hatten … Nee, Muttilein, nicht als Hubschrauber. Als Papst. Er hat genau so gehandelt, wie man es von einem deutschen Beamten gewohnt ist. Da wird der Bettel nicht einfach mitten im Monat hingeschmissen. Nein, pünktlich am Monatsende hat er den Vatikan besenrein übergeben. Und dann auch noch genau um 20 Uhr. Damit es in der »Tagesschau« alle mitkriegen. Wenn ich da an seinen Vorgänger denke … Oh, oh! Bei dem war ja der Abgang dagegen bissel wie polnische Wirtschaft. Der hat 2005 einfach am 2. April die Augen zugemacht. Da hatte der Monat gerade angefangen. Zumal noch einen Tag zuvor Harald Juhnke das Zeitliche gesegnet hatte. Da wussten die Leute gar nicht, wen sie jetzt mehr vermissen sollen.

Aus diesem Fehler hat der Benedikt gelernt. Die Frage ist bloß, was bleibt von ihm? Sein Vorgänger Johannes Paul II. hat ja 1992, nach sage und schreibe 350 Jahren, den Galileo Galilei rehabilitiert, weil der mal behauptet hatte: »Und sie bewegt sich doch!« Und der Benedikt hat bereits 106 Jahre nach der Erfindung des Hubschraubers bewiesen: Und er bewegt sich doch. Ein enormer Fortschritt für die katholische Kirche …

Was sagste, Muttilein? … Ob der Papst jetzt überhaupt noch Papst heißt? …

Nee, da haben die lange beraten und dann beschlossen: Er heißt jetzt »Seine Heiligkeit Benedikt XVI., emeritierter römischer Pontifex«. Ja, ich weiß, das klingt bissel verquast. Aber Peer Steinbrück wollte man nicht zu Rate ziehen. Der hätte nicht lange überlegt und einfach »Clown« gesagt. Schon wegen der roten Schuhe, die der Benedikt behalten darf. Aber ich bitte dich, Muttilein, wie kann man denn einen verurteilten Straftäter mit schmierigen Affären am Hals und unter der Gürtellinie wie Berlusconi als Clown bezeichnen. Das ist doch eine Beleidigung für alle Clowns in den Zirkussen der Welt. Dabei ist doch Steinbrück selber auch bloß einer: Ein Pausenclown zwischen zwei Wahlen … Was dann mit ihm wird? … Na, der wird wieder Vorträge halten, nehme ich an … Ach so, du meinst jetzt den Benedikt. Ich habe gelesen, der geht in ein Kloster. Dort lebt er dann zusammen mit vier Klosterfrauen, die ihm abends den Melissengeist kredenzen in ihrem Kirchendirndl. Ein Bild, von dem Rainer Brüderle lange träumen wird.

Vier Jungfrauen um sich herum, das ist nun der letzte Versuch Benedikts zu beweisen, dass das Christentum doch besser ist als der Islam. Dort gibt's die Jungfrauen nämlich erst im Jenseits.

# 9. MÄRZ 2013

Das müssen wir uns mal merken, Muttilein, die FDP ist eine Partei, die etwas dafür getan hat, dass die Armut in Deutschland verschwindet.

Also zumindest aus dem Armutsbericht der Bundesregierung. Da hat die FDP drin rumgestrichen, wie früher die SED in Kabarettprogrammen.

Zum Beispiel der Satz »Die Privatvermögen in Deutschland sind sehr ungleich verteilt«, der ist einfach gestrichen. Und da die FDP noch mehrere hat streichen lassen, wäre der Bericht sehr anrüchig. Sagt die SPD. Und die muss es wissen, Muttilein.

Mit der Armut kennt sich die SPD nämlich aus. Sie hat ja die Grundlagen dafür erst gelegt, mit ihrer Agenda 2010. Wie's der Teufel will, auf den Monat genau vor zehn Jahren. Das musste natürlich groß gefeiert werden. Sinnigerweise auch noch in der Landesvertretung von Sachsen-Anhalt in Berlin. Symbolischer konnte der Ort gar nicht sein … Wieso? … Muttilein, unsere Landesvertretung in Berlin, das ist doch die »Möwe«.

Also kannste doch sagen, wer die Agenda 2010 feiert, der hat einen Vogel?

Deshalb waren ja da auch keine Hartzis eingeladen, sondern nur Vertreter aus der freien Wirtschaft. Und für die ging's nun schon zehn Jahre »Hoch die Tassen«, aber für die Beschäftigten ging's »Runter die Löhne«.

Immer mehr sind jetzt durch die Minijobs oder Teilzeitarbeit auf staatliche Hilfe angewiesen. In Sachsen-Anhalt sind das 29,7 Prozent. Aber so was wird ja aus dem

Armutsbericht rausgestrichen. »Ja«, sagte der Bundestagsfraktionsvize der FDP, Heinrich Kolb, »das ist ja gerade das Neue und Besondere an diesem Armuts- und Reichtumsbericht, dass wir einen ganz neuen Schwerpunkt legen, nämlich auf die soziale Mobilität, die Veränderung der Lebenslage innerhalb des eigenen Lebensverlaufes.«

Da kannste bloß sagen: »Heinrich, mir graut's vor dir!« …

Was sagste, Muttilein? Du hast das nicht verstanden, was der gesagt hat … Aus dem FDP-ischen übersetzt ist das ungefähr so, wie wenn ein Arzt zu seinem Patienten sagt: »Ich will mal in meiner Diagnose einen ganz neuen Schwerpunkt legen und zwar nicht auf den Tumor in Ihrer Lunge, sondern auf den Fußpilz an Ihrem Zeh.«

Was sagste, Muttilein? … Ich kann jetzt die FDP nicht mit einem Tumor vergleichen? … Warum sollte ich das nicht können? … Ach so, ein Tumor kann auch gutartig sein.

Da haste recht, Muttilein. Arzt war jetzt auch nicht so ein gutes Beispiel. Ich lese hier gerade, dass die Ärzte bei Patienten genauso bescheißen, wie die Politiker bei Doktorarbeiten. Mehr als hundert Ärzte sollen in 25 000 Betrugsfälle verwickelt sein. Und die Tendenz ist steigend.

Muttilein, langsam bekommt das Kürzel BRD eine ganz neue Bedeutung: Betrugs-Republik Deutschland.

# 16. MÄRZ 2013

Muttilein, so schnell kann eine Wahl gehen. Beim Papst, meine ich. Am Dienstag sind die rein in ihr Wahllokal – also in die Sixtinische Kapelle – und am Mittwoch um 19.06 Uhr kam schon der weiße Rauch. Um 20.22 Uhr hieß es dann: »Habemus papam!«

Ich kann dir auch sagen, warum die so fix waren: Weil die Fußball guggen wollten.

Der neue Papst ist nämlich fanatischer Fußballfan. Und 20.30 Uhr wurde doch Bayern München gegen Arsenal London übertragen. Hamse aber verloren, die Bayern.

Wahrscheinlich, weil der neue Papst ein Argentinier ist.

Mit Argentiniern hatte Deutschland noch nie Glück im Fußball. Mit Maradona hatten es die Argentinier ja schon mal bis zur Hand Gottes gebracht. Und jetzt haben sie auch noch seinen Stellvertreter. Nicht den von Maradona, Muttilein, den vom lieben Gott. Wobei der als Arbeitgeber diesmal ganz schön nachgeholfen hat … Wie das? …

Erinnere dich doch mal, Muttilein, als da plötzlich eine Möwe auf dem Ofenrohr saß? … Was heißt, na und? … Muttilein, die Möwe steht doch als Symbol für Kraft und Freiheit. Das heißt, der liebe Gott hat kraft seines Amtes sich die Freiheit genommen, ein Zeichen zu schicken. Auf das Ofenrohr. Genau genommen hätte es ja ein Pferd sein müssen … Ja, Muttilein, nach der religiösen Tiersymbolik reitet der wiederkommende Christus auf einem »weißen Pferd«. Bloß Pferd, hat sich der liebe Gott gedacht, das könnte missverstanden werden. Das ist heute eher Symbol für Lasagne. Und dann ist er auf die Idee mit der Möwe gekommen. Ein Vogel ist ja von der Symbolik her der Geist, der zum Göttlichen aufsteigt. Im Vatikan ist der aber runtergekommen. Der Geist … also, auf das Ofenrohr. Die Möwe hat da in die Röhre geguckt. Als kein Rauch kam, hat sie hoch in den Himmel geguckt, den Kopf geschüttelt und auf weitere Anweisungen gewartet. Die hat sie dann auch prompt bekommen. Sie hinterließ ein Exkrementum sacrae im Ofenrohr … Was das heißt? … Muttilein, die hat da reingekackt.

Das führte dann zu einer chemischen Reaktion, und als die nächsten Stimmzettel verbrannt wurden, entstand weißer Rauch. Aus Dankbarkeit der Möwe gegenüber nennt sich der neue Papst deshalb auch Franziskus. Nach dem heiligen Franz von Assisi.

Der war auch gut zu Vögeln. Von dem gibt es sogar eine »Vogelpredigt«. Und er hat die Weihnachtskrippe erfunden. Mit Ochs und Esel. Das waren damals die Symbole für Juden und Muslime. Und das Heu war für sie die Hostie. Also das Symbol für die Gemeinschaft. Leider ist diese Gemeinschaft im Laufe der Zeit verloren gegangen, weil das Heu durch leeres Stroh ersetzt wurde. Um das zu ändern, brauchte der Papst einen langen Atem. Dummerweise hat er aber nur einen Lungenflügel.

Aber in einem kommt er seinem Namenspatron schon sehr nahe. In der Abkehr von materiellen Dingen. Er hat nichts mehr. Kein Geld, keine Brieftasche, kein Konto, keine Kreditkarte. Als Papst bekommt er alles gestellt. Wie sagte schon Franz von Assisi in der Vogelpredigt: »Ihr säet nicht, ihr erntet nicht und Gott ernährt euch doch.«

## 23. MÄRZ 2013

Ja, also die Sache ist die: Muttilein hat mich sitzen lassen. Also, hier in der Küche.

Sie zieht gerade die Betten ab. Weil, kommse mal bissel dichter ran, weil mir am Montag unser Geld von der Bank holen wollen. Und dazu brauchen wir die Kopfkissenbezüge. Damit es uns nicht ooch so ergeht wie denen in Zypern.

Seit die EU da den kleinen Sparern das Geld wegnehmen will, ist Muttilein der Meinung: »Besser ist besser!« 2008 hat die Merkeln noch gesagt: »Wir sagen den Sparerinnen und Sparern, dass ihre Einlagen sicher sind.« Bloß, beim Nachsatz: »Aber wir machen es nicht« waren die Mikros schon abgeschaltet.

Von wegen, ihre Einlagen sind sicher. Den Satz kann man doch nur noch glauben, wenn ihn ein Orthopäde sagt. Nee, das kann man auch nicht so sagen; wo die doch heute in alle möglichen Dinge Sollbruchstellen einbauen. Das Zeug soll zu Bruch gehen, damit die Neues herstellen können. Je billiger das Gelumpe, um so schneller isses in Dutten. Wir werden so produzieren, dass alles in Scherben fällt. Denn heute gehört dir der Toaster, der morgen zusammenfällt.

Gut, den Spruch gab es schon mal bissel anders. Als die NSDAP produzierte. Danach ist ja nicht nur der Toaster, sondern gleich alles zusammengefallen. In Schutt und Asche. Kurz: SA. Gut, die SA gibt's heute nicht mehr. Aber NP und D sind aus der Buchstabenreihe noch übriggeblieben. Dieses Abfallprodukt wollen jetzt die Bundesländer entsorgen. Nur die Bundesregierung nicht. Wegen ihrer Sollbruchstelle.

Die heißt FDP. Ihr Führer … äh, ihr an führender Stelle stehender Quassel-Philipp hat gesagt. »Dummheit kann man nicht verbieten.« Stimmt. Sonst gäbe es die FDP nicht mehr. Aber Faschismus ist keine Dummheit, sondern ein Verbrechen. Doch so viel Einsicht kann man von der FDP offensichtlich nicht verlangen, wenn sie selber ihren Spitzenkandidaten Brüderle bejubelt, der auf dem Parteitag hinkende Parolen in den Saal goebbelte … pöbelte: »Wir werden einen Wahlkampf hinlegen, da brennt der Baum.« Gut, ein Baum ist immerhin nicht der Reichstag. Aber trotzdem ist es erstens Aufhetzung zur Brandstiftung. Und zweitens Anstiftung zur Körperverletzung, wenn die feigen Demok… äh, freien Demokraten ihr eigenes Parteimitglied, Ex-Innenminister Gerhard Baum, anzünden wollen. Und Brüderles Parole: »Wir überlassen nicht diesen Fuzzis, diesen fehlprogrammierten Typen unser Land.« Klingt auch irgendwie nach »Kauft nicht bei »Ju…sos«! Oder »Grüne« raus!

Im Moment weiß ich gar nicht, wovor man mehr Angst haben muss. Vor dem Geldklau oder vor den Parteien? Das Geld kann man ins Kopfkissen stecken. Aber die Parteien? Am besten alle in einen Sack und Knüppel droff. Es träfe keinen Falschen.

## 30. MÄRZ 2013

Also, Muttilein, die Zeitungen schreiben manchmal einen Mist. Heute Nacht sollen wir die Uhren auf Sommerzeit umstellen. Sommerzeit! Dabei haben wir noch nicht mal Frühling … Ach so, das hat se jetzt gar nicht gehört. Muttilein ist gerade hoch auf den Dachboden, weil wir für Ostern dekorieren wollen. Wir stelln die Räuchermänneln und die Nussknacker noch mal hin. Von wegen: »Vom Eise befreit sind Strom und Bäche durch des Frühlings holden, belebenden Blick. Im Tale grünet Hoffnungsglück« … Im Tal liegt der Schnee zentimeterdick! So wird ein Schuh draus.

Rezitierte ich heut original olle Goethe,
hielten mich doch die Leute für blöde.
Denn wenn ich aus dem Fenster gugge,
werde ich schon vom Guggen meschugge.
»Im Märzen der Bauer die Rösslein einspannt«
ist auch mittlerweile als Lüge enttarnt.
Weil sie nicht gebraucht für die Frühjahrskampagne,
enden die Klepper in der Lasagne.
»Die linden Lüfte sind erwacht.«
Ich habe selten so gelacht.
»Leise zieht durch mein Gemüt liebliches Geläute.«
Die SMH mit Martinshorn macht wieder fette Beute.
Beim Osterspaziergang brach sich Oma Hempel die Hüfte.
»Frühling lässt sein blaues Band wieder flattern durch die Lüfte« –

sprach keck zum Notarzt noch die Lose.
Der erhöht schnell die Dosis für die Narkose.
Zum Osterwasser holn muss durch den Schnee man stapfen.
Die Quelle ist vereist, so bricht man sich halt einen Zapfen.
Von wegen »Alle Vögel sind schon da« –
die kehren um nach Afrika.
»Nun will der Lenz uns grüßen. Von Mittag weht es lau.«
Ohne Stiefeln an den Füßen, da frierste wie 'ne Sau.
Anders ergeht es auch dem Jesus nicht.
Er hebt am Kreuz den Kopf gen Himmel und er spricht:
»Vater, sag, was soll der Scheiß?
Mit dieser Last aus Schnee und Eis
auf Armen, Kopf und Hals
schaff ich die Auferstehung doch niemals.
Ja, hätte ich die Bretter untern Füßen, dann vielleicht?
Doch so – findst du nicht auch, dass jetzt der Winter reicht?«
»Mein Sohn«, sprach drauf von hoch herab der Olle,
»sag das nicht mir, sag das doch der Frau Holle.
Im Dezember kam ihre Forderung nach Urlaubstagen,
sonst würde sie mich beim Jüngsten Gericht verklagen,
oder machte für immer anstatt Flocken die Flocke.
Damit zwang die Alte mich in die Hocke.
So tat ich ihr den Urlaub halt gewähren.
Doch sie tat bei der Rückfahrt in der Zeit sich arg vermähren.

Es streikten Lotsen und Piloten.
Wir warteten hier oben wie Idioten.
Mir stockte doch genau wie dir das Herz,
dass sie zurückkam erst im März.
Weil sie zur Weihnacht keine Betten schüttelt aus,
arbeitet sie die Zeit jetzt eben raus.«
»Oh, Vater«, hört ich Jesus weiter plauschen,
»wie wär's, wenn Weihachten und Ostern wir in
Zukunft tauschen?
Wenn du dein Personal hast oben nicht im Griff,
dann wäre das ein kluger Kniff.«
Der Vater sprach zum Sohn, das wäre Mist,
weil Weihnachten doch sein Geburtstag ist.
Doch Jesus sprach: »Was ist denn schon dabei?«
Wenn's sein muss schlüpf ich auch aus einem Ei.«
»Spinnst du?«, sprach Gott, »wie soll der neue Papst
den Leuten das erklären,
dass deine Eltern plötzlich Hühner wären?«
Die Story wär genauso dreist,
als jene mit dem Heil'gen Geist,
denkt Jesus, doch Gott bleibt dabei:
»Genug jetzt mit der Spinnerei!
Du änderst nicht der Zeiten Lauf.
Lass dich nicht hängen, und erstehe auf!
Also, Junge, streng dich an!
Häng dich doch einfach an den Spritpreis dran.
Der wird es dir sehr gerne zeigen,
wie man zu Ostern auch bei Schnee und Eis kann
steigen.«

# 6. APRIL 2013

Muttilein, kennst du den Unterschied zwischen einem Drei-Sterne-Koch und einem Oberst? … Was? Da gibt's keinen? … Doch! Beide haben zwar drei Sterne, aber wenn der Koch Fleisch anbrennen lässt, wird ihm mindestens ein Stern weggenommen. Wenn der Oberst Fleisch verbrennen lässt, dann bekommt er sogar noch einen drauf. Einen goldenen und wird General.

Gloobs nur Muttilein, bei dem Oberst Klein sind damals in Kundus über hundert Zivilisten verbrannt, als der den Tanklaster hat bombardieren lassen. Und jetzt ist er zum General befördert worden. In aller Stille. Was mich allerdings wundert …

Nein, Muttilein, nicht dass der zum General befördert worden ist. Er hat ja die Pflicht eines Soldaten treu erfüllt. Und die bestand schon immer darin, Taten zu vollbringen, die ihm die Potentaten dann als Heldentaten vergolden taten … vergelden taten.

Was mich aber wundert ist, dass die Beförderung des Oberst in aller Stille vollzogen wurde, weil doch sein Tatenbeauftragter, also der Thomas de Maizière gesagt hat: »Zur Außen- und Sicherheitspolitik eines vereinten Deutschland muss gehören, dass wir Begriffe wie Krieg, Veteranen, Gefallener normal verwenden.« Verstehste!? Kriege und Gefallene sollen wir schon wieder als normal empfinden.

Da war also der Dreiteiler »Unsere Mütter, unsere Väter« über die Schrecken des Krieges nur ein Werbefilm des ZDF? Zum-Dummen-Fang, oder wie? Na ja, wenn wir so was schon wieder als normal empfinden sollen? Diese Aussage von de Maizière passte zum 4. April wie die Faust aufs Auge.

Der 4. April, Muttilein, das ist der »Internationale Tag zur Aufklärung über Minengefahr und zur Unterstützung von Antiminenprogrammen«. Da haben auf der ganzen Welt Politiker und Promis die Hosenbeine hochgekrempelt. Wahrscheinlich, um den Minenopfern zu zeigen, wie Beine aussehen. Eine beinliche Veranstaltung.

Guido Westerwelle hat zu diesem Anlass, nein Muttilein, nicht das Hosenbein hoch-, aber einen Satz aus sich herausgekrempelt: Berlin werde für noch »ehrgeizigere Regeln für die Begrenzung und Kontrolle des Waffenhandels werben«. Was wie ein Versprechen klang, war in Wahrheit wohl eher ein Versprecher. Richtiger wäre gewesen, wenn er gesagt hätte: Berlin wird sich für noch ehrgeizigere Regeln für die Begrenzung der Kontrolle des Waffenhandels einsetzen.

Na, Muttilein, nicht umsonst ist Deutschland der drittgrößte Waffenexporteur der Welt. Und wer gibt sich schon gerne mit der Bronzemedaille zufrieden? Diese Frage stellt sich gerade heute am 6. April. Das ist der Welt-Olympia-Tag.

Und ein Land, das McDonald's zum Berater in Sachen Ernährung an Schulen macht, das hält auch Heckler & Koch für einen Berater in Sachen Frieden.

## 13. APRIL 2013

Muttilein, jetzt weeßte mal, was das bedeutet, wenn man sagt: Er hat eine Klatsche gekriegt.

Der Thomas de Maizière, von dem ich dir vorige Woche erzählt habe, dass der uns einreden will, dass wir Kriege wieder für normal halten sollen, der wollte in der Humboldt-Universität in Berlin eine Rede halten, zum Thema: »Armee der Einheit – Der Beitrag der Bundeswehr zum gesellschaftlichen Zusammenhalt.« Also dazu, wie die Gesellschaft wahrscheinlich nur noch mit Waffen zusammengehalten werden kann. Aber bevor die Misere … de Maisere den Mund aufmachen konnte, haben die Studenten den mit Klatschen, Klatschen, Klatschen, La-Ola-Welle, Fußgetrampel und Hoch-Rufen niedergejubelt. Dann haben sich Studenten in blutrot befleckten T-Shirts vor das Rednerpult geschmissen. Und damit die ganze Veranstaltung. Jetzt vermutet man, dass es die neue Form von Wahlkampf werden könnte, dass sich Leute über Facebook und Twitter zu einem Flashmob verabreden …

Was das ist Flashmob? … Also, Flash heißt Blitz und mob ist die Abkürzung von mobil. Gewissermaßen eine mobile Blitzaktion. Erfunden hat das glaube ich, Erich Kästner 1929. In seinem Buch »E-mail und die Detektive« organisierten Kinder unter der »Parole Emil« einen Flashmob, der einen Ganoven verfolgt und an der Flucht hindert.

An der Humboldt-Uni wurde nun einer damit in die Flucht gejagt. In der Fachsprache heißt das »Protest durch Zustimmung«. Das musste dir so vorstellen wie in dem

Witz, wo se bei dem Tenor in einem sächsischen Stadttheater nach seiner Arie alle aufgestanden sind und »Zugabe! Zugabe! Zugabe!« gerufen haben. Als ein Fremder, der gerade in der Stadt ist, sagt: »Aber der singt doch grottenschlecht«, kriegt er zur Antwort: »Ähm! Aber heute mach'mern fertsch!«

So eine Aktion hatten sich jetzt auch die Salzwedeler Stadträte ausgedacht, als die Kanzlerin gestern da war. Die Salzwedler hatten ja mit ihr noch eine Rechnung offen, weil die Merkel 2011 über die Stadt gesagt hat, sie hätte zwar einen Bahnhof, aber ansonsten den Anschluss verpasst. Es gäbe so viele Arbeitslose, weil »Linke, Grüne und Sozialdemokraten den Stadtrat beherrschen«. Jetzt kam die Stunde der Rache. Aber wie? Da jegliche Feindberührung … Volksberührung Merkels laut Protokoll von vornherein ausgeschlossen war, war auch ein Flashmob unter dem Motto: »Du hast die Haare schön!« nicht möglich. Deshalb ließ der Stadtrat das »Goldene Buch« der Stadt zu Änschie an den Hubschrauber hintragen, damit die sich eintragen konnte …

Was sagste? … Was das für eine Rache sein soll? … Na, Muttilein, du weißt doch, wie das ist. Wenn es mal wieder anders kommt, werden doch Politiker immer aus den Büchern wieder rausgestrichen … Verstehste? … Was sagste? … Wenn die Stadträte das aber ernst gemeint haben, und gar nicht als Ersatz für einen Flashmob?

Na, dann gehören die als Flaschen weggemobbt.

## 20. APRIL 2013

Ach, Muttilein, es ist schon schlimm, wenn man alt wird. Das hört man doch immer wieder, dass alte Leute tuttlig werden. Da wissen sie z. B. nicht mehr, wo sie hergekommen sind oder wo sie hinwollen. Dann irren sie hilflos in der Gegend rum. Jetzt hat es auch die alte Tante SPD erwischt. Die wird ja in diesem Jahr 150 Jahre alt. Sagt sie. Die SPD singt zwar auf jedem Parteitag: »Wann wir schreiten Seit an Seit …« Aber wann se eigentlich richtig losgeschritten ist, weiß sie selber gar nicht mehr so richtig. War das nun wirklich 1863 in Leipzig oder doch erst 1869 in Eisenach? Manche behaupten sogar, es wäre erst 1875 in Gotha gewesen.

Ist auch egal, hat sich die Tante SPD gesagt, Hauptsache ich laufe erst mal. Und dann isse losgetippelt. »Nach vorn, nach hinten, nach links, nach rechts, nach oben, nach unten« … also in so einer Art von politischen Gangnam-Style – wenn es den Ausdruck zu der Zeit schon gegeben hätte. Damals hieß das aber noch: »Die Bewegung ist alles, das Ziel ist nichts.« Dieser Spruch stammt von Bernsteins Ede. Deshalb bezeichnen viele den Weg der SPD auch als Edepetete.

Aber immerhin war der Bernstein noch Mitglied der SPD. Ja, Muttilein, es gab eine Zeit, da hat die SPD ihre Losungen noch in den eigenen Reihen erfunden. Heute leiht sie sich die bei anderen aus: »Das WIR entscheidet«. So wirbt eine Leiharbeitsfirma in Baden-Württemberg schon seit Jahren; und jetzt hat der Steinbrück die als seine Wahlkampflosung verkündet … Wie so was passieren kann? … Na ja, Muttilein, vielleicht hat der Steinbrück die Losung gesehen, als er in dieser Firma gerade eine Rede gehalten hat, dass Mindestlohn Scheiße ist? Und da hat er sich gedacht: »Och, die Leiharbeitsfirmen sind ja sozusagen die Patenkinder der alten Tante SPD, die wir mit unserer Agenda 2010 großgezogen haben. Da bleibt das quasi in der Familie. Die SPD hat ja die moderne Sklaverei erst erfunden mit ihrem Niedriglohnsektor. Das Problem ist bloß, dass der Steinbrück jetzt plötzlich für Mindestlohn ist. Deshalb will die Leiharbeitsfirma nicht mehr mit der SPD in Verbindung gebracht werden und klagt. Jetzt weiß ich bloß nicht, Muttilein, von wem wir mehr verarscht werden? Von der SPD oder von der Leiharbeitsfirma? Denn die hat die Losung ja auch bloß geliehen. Von Walter Ulbricht. Bei dem hieß sie »Vom Ich zum Wir«.

Damit ist die SED schon vor 50 Jahren über die Dörfer gezogen, um die Bauern in die LPG zu kriegen. Damals wetterte die SPD im Westen, das wäre Bauernfang. Also, eine Täuschung, bei der eine Seite über den Tisch gezogen werden soll. Und wenn die SPD heute mit so einer Losung kommt, da weiß man auch, wer das sein wird: WIR.

## 27. APRIL 2013

Na, Muttilein, das war aber ein schöne Woche. Vom Wetter her. Überall ging der Frühjahrsputz los. Auch unsere Landesregierung hat sich beteiligt. Da erfolgte die erste Säuberungsaktion. Die Ministerin für Wissenschaft und

Wirtschaft wurde weggeputzt. Die Frau Wolff. Was war der Grund für ihren Rausschmiss? Hat sie in der Kantine goldene Löffel geklaut? Nein!

Hat sie auf der Toilette gekifft? Nein! Hat sie ihren Sekretär sexuell belästigt? Nein!

Ihr Vergehen war, ihr Amt richtig auszuüben. Sie ist nur ihrem Gewissen gefolgt und hat die Kürzungspolitik in ihrem Ressort Wissenschaft öffentlich kritisiert.

Muttilein, die Mittel für die Hochschulen sollen doch jährlich um 5 Millionen gekürzt werden … Was sagste? … Ob 5 Millionen viel sind? Na ja, Muttilein, das ist relativ. Für Uli Hoeneß sind 5 Millionen relativ wenig. Die bezahlt der aus der Portokasse. Für seine Haftverschonung.

Für Hochschulen sind 5 Millionen relativ viel. Die bezahlen das mit Qualitätsverlust. Deshalb verteidigte die Frau Wolff die Hochschulen auch so, wie das ein Wolf mit seinen Jungen eben tut. Damit war sie aber dem listigen Sparfuchs Bullerjahn ein Dorn im Auge. Wie der Fuchs im Hühnerhof, schlich der sich an den Hahn im Kabinett heran, also den Ministerpräsidenten, und forderte: »Entweder die oder ich!«

Und du kennst ja unsern Haseloff, Muttilein, der kriegte gleich das große Flattern und reagierte wie immer. Prasseldoof. Irgendwie muss er die Diskussion um die Frauenquote noch im Hinterkopf gehabt haben, dass bei jeder Entscheidung, die zwischen einem Mann und einer Frau ansteht, diese zugunsten der Frau getroffen werden sollte. Und da hat er sich eben nicht für Herrn Bullerjahn entschieden, sondern für Frau Wolff. Bei der Entlassung. Per Telefon hat er ihr ausgerichtet: »Und raus bist du!«

Gut, er hat jetzt zugegeben, »das hätte man sich technisch optimal vielleicht anders gewünscht.« Wie man das optimal macht, hätte er von der Kanzlerin lernen können. Wenn die jemanden loswerden will, spricht die ihm einfach ihr vollstes Vertrauen aus. Guttenberg – der Mann hat mein vollstes Vertrauen – weg war er. Schavan – die Frau hat mein vollstes Vertrauen – weg war sie. Jetzt hat sie ihr vollstes Vertrauen auch noch der von der Leyen ausgesprochen, weil die bei der Frauenquote eine andere Meinung hatte. Das war die Ankündigung: von der Leyen – von der Bildfläche. So läuft das.

Jetzt hat der Haseloff nun den Möllring als neuen Wissenschaftsminister eingestellt. Einen abgehalfterten Finanzminister aus Niedersachsen. Nun haben wir quasi zwei Finanzminister. Und für das Geld, das die beiden bei der Bildung einsparen werden, fährt dann der Haseloff quer durch Europa und bettelt um Fachkräfte für Sachsen-Anhalt. Das ist eben das Wolffs-Gesetz des Kapitalismus: Es ist schlimmer, eine Meinung zu haben, als keine Ahnung.

## 4. MAI 2013

Muttilein, jetzt weißte, was die Redewendung bedeutet: Nicht zu Stuhle kommen.

Ich meine das Oberlandesgericht in München. Die kommen einfach nicht voran mit dem Prozess gegen die Beate Zschäpe vom Nationalsozialistischen Untergrund, weil erst mal wochenlang Prozesse um die Stühle geführt werden. Das ging damit los, dass für die türkische Presse kein Platz im Verhandlungssaal war … Was sagste, Muttilein? … Der Prozess sollte eben nicht getürkt sein … Wenn es nicht so traurig wäre, könnte man darüber herzhaft lachen. Die meisten Opfer der NSU-Morde waren aber gerade Türken. Nu stell dir doch mal vor, Muttilein, wenn es beim Kriegsverbrecherprozess 1946 in Nürnberg geheißen hätte, dass für die sowjetische Presse kein Platz vorhanden gewesen wäre. Undenkbar.

Aber heute wird ein Prozess, von dem die ganze Welt wissen will, wie Deutschland mit Neonazis umgeht, absichtlich im kleinsten Saal des Gerichts durchgeführt. Da bekommt der Begriff Strafkammer eine völlig neue Bedeutung. Aber wie sagt schon das Sprichwort: »Ungeladenem Gast ist nicht gestuhlt.« So wie bei »Dornröschen« der dreizehnten Fee. Für die war auch kein Stuhl da. Da war die sehr beleidigt und hexte Dornröschen das Ding mit der Spindel an. Und in diesem Sinne haben die türkischen Medien dem Oberlandesgericht gedroht: »Ist denn kein Stuhl da, Stuhl da, Stuhl da, für den Abdullah-dullah-dullah?« Wenn nicht, dann werde sich die deutsche Justiz damit ins eigene Fleisch stechen und wie Dornröschen tot umfallen. Aber bei »Dornröschen« hatte ja schnell noch die zwölfte Fee dazwischengerufen: »Nee, die soll nicht tot sein, sondern bloß tausend Jahre schlafen. Da aber die deutsche Justiz schon im tausendjährigen Schlaf liegt, wenn es um Nazis geht, musste die zwölfte Fee, also in dem Falle das Bundesverfassungsgericht, rufen: »Aufwachen und Platz schaffen!« Aber anstatt dass die da einfach noch drei Stühle für türkische Medien reingestellt hätten, spielen die lieber die »Reise nach Jerusalem« und veranstalten um die Stühle eine große Medienlotterie: »Ein Platz an der Zschäpe«. Und gewonnen hat die »Brigitte«.

In der können wir jetzt zwischen Schminktipps und Rezepten etwas über den Prozess erfahren. Also, was die Zschäpe anhatte oder so. Das heißt, wenn die »Brigitte« nicht noch vorher ihren Stuhl mit dem »Playboy« tauscht. Dann bringt es Beate Zschäpe vielleicht sogar noch zum »Playmate des Jahres« und ziert als »Miss NSU« dann die Spinde der Neonazis …

Weeßte, Muttilein, wenn einer zu blöd war eine Aufgabe ordentlich zu erfüllen, dann hat man früher immer gesagt: »Er ist zu dumm, einen Eimer Wasser umzukippen.« Heute kann man sagen: »Er ist zu dämlich, drei Stühle aufzustellen.«

## 11. MAI 2013

Muttilein, jetzt hat die SPD gemerkt, dass es Steinbrück alleine nicht schafft.

Die Bundestagswahl zu vergeigen, meine ich.

Schon seit langer Zeit, ich will mal sagen, gefühlte zwei-, zweieinhalb Wochen lang, war es der *Peer*siflage eines Sozialdemokraten nicht mehr gelungen, einen Fettnapf zu besteigen. So begab sich zu Christi Himmelfahrt sein Chef höchstselbst aus dem Wolkenkuckucksheim der Parteizentrale auf den Boden der Tatsachen und posaunte in die Welt: »Ich bin Gabriel und ich bin gesandt worden, die gute Botschaft zu verkünden.« Und die lautete: »Tempo 120 auf deutschen Autobahnen«. Was so viel heißt wie: Leute, fürchtet euch nicht, auch wenn wir auf den Abgrund zusteuern, mit der SPD geht es langsamer voran. Bei den 120 war aber dann selbst Steinbrück auf 180, weil der gerade dabei war, sein Verkehrsprogramm vorzustellen. Nämlich Brücken und Straßen zu sanieren, damit man schneller drüberfahren kann. Muttilein, das zeigte, wie die SPD im Wahlkampf an einem Strang zieht. Nur jeder an einem anderen Ende.

Das verleiht der Partei einen geschlossenen Eindruck. Den einer geschlossenen Anstalt. In einer solchen halten sich die Insassen bekanntlich auch nie selber für bekloppt, sondern die anderen. Also uns!

Glauben die wirklich, dass wir beispielsweise vergessen haben könnten, dass es doch gerade der Herr Gabriel war, der, als er noch Bundesumweltminister war, den Tempo-120-Vorschlag des Bundesumweltamtes abgelehnt hatte, weil ihm das die Liebe der Autoindustrie entzogen hätte? Nun hatten ihm aber die »Grünen« auf ihrem Parteitag einen grünen Plüschfrosch geschenkt. Und wenn der Gabriel den nachts immer küsst, verwandelt sich der Frosch in die verwunschene Claudia Roth und die flüstert ihm dann ins Ohr: »Tempolimit-Tempolimit-Tempolimit ...« Nachdem Gabriel das nun in seinen Tagträumen laut gesagt hatte, merkte er aber, dass jetzt wahrscheinlich 30 Millionen Autofahrer der SPD ihre Liebe entziehen werden. Deshalb ruderte er zurück mit den Worten: »Sicherheit braucht Vorfahrt, mehr wollte ich nicht sagen.« ...

Was sagste, Muttilein? … Warum er das dann nicht gleich so gesagt hat? …

Muttilein, wenn es den Politikern wirklich um weniger Tote auf den Straßen gehen würde, dann sollten sie erst mal die Soldaten von den Straßen in Afghanistan zurückholen. Als da wieder einer erschossen wurde, heuchelte der ungläubige Thomas zu der Misere: »Ich bin unendlich traurig.« Aber an der Strategie werde sich nichts ändern.

Da siehstes doch, Muttilein, da, wo schon Tempo 120 ein wirklicher Fortschritt wäre, nämlich beim Abzug der Truppen, da herrscht nicht mal stockender Verkehr, sondern sogar Stau.

## 18. MAI 2013

Muttilein, nach einer Umfrage weiß nicht mal jeder zweite Deutsche, was Pfingsten los ist … Was sagste? … Pfingsten ist immer Stadtfest … Siehste, da geht's schon los. Pfingsten wird gefeiert, weil da von oben was gekommen ist … Nee, nicht Regen – Segen. Da fuhr dereinst der Geist von oben in die Menschen unten. Und dann fuhren die Menschen. Erst ins Blaue, also ins FDJ-Hemd, und dann nach Berlin. Zum Pfingsttreffen. Organisiert wurde das alles von einer Pfarrerstochter namens Angela Merkel.

So ungefähr steht das in dem Buch … Nee, Muttilein, nicht in der Bibel, in der Biografie, die über die Merkeln jetzt rausgekommen ist. Da wird »enthüllt«, dass die Angela nur zur Tarnung Pfarrerstochter war. Eigentlich war sie nämlich »Reformkommunistin«. Das ist doch nun nichts Neues. Was habe ich dir damals schon immer gesagt, Muttilein? Die Merkeln ist das Trojanische Pferd bei der ganzen Vereinigung. Die hatte den Klassenauftrag, in die CDU zu gehen und die Führung an sich zu reißen. Und das hat sie auch geschafft. Sie ist nach Honecker und Krenz der dritte FDJ-Kader, der an der Spitze eines deutschen Staates steht. Und dafür wurde sie in der DDR gut ausgebildet. Zum Beispiel, was die Solidarität mit anderen Ländern betrifft. Honecker und Krenz haben immer Milch nach Kuba geschickt oder Bleistifte nach Vietnam. Angela setzt diese Tradition fort und schickt Panzer nach Afrika oder U-Boote nach Israel, weil sie als Sekretärin für Agitation und Propaganda in Moskau Lenin studiert hat. Und der hatte ja die Theorie vom Imperialismus als letztes Stadium des Kapitalismus aufgestellt. Verstehste? Die Kriege, die mit den deutschen Waffen und U-Booten geführt werden, sollen dann nach Lenins Theorie in Bürgerkriege umgewandelt werden, die dann wiederum in der sozialistischen Revolution enden. Mit den Bürgerkriegen hat das auch schon ganz gut geklappt. In Syrien, Libyen und Mali.

Und sogar ihre Rettungsschirmtheorie hat sie in der DDR bereits ausprobiert. Wie es sich für eine ordentliche FDJlerin gehörte – mit Blaubeeren. Die hat sie mit Kumpels gesammelt und dann an die Handelsgenossenschaft Obst und Gemüse verkauft. Für vier Mark das Kilo. Weil Blaubeeren aber vom Staat subventioniert wurden, verkaufte die Genossenschaft das Kilo dann für nur zwei Mark weiter. Angela hat hinten für vier Mark verkauft und ein Kumpel ist vorne rein und hat die für zwei Mark wieder gekauft. Muttilein, bei solchen »Enthüllungen«, fällt es schon schwer zu glauben, dass zu Pfingsten der heilige Geist zu uns herunter gekommen ist. Er ist eher heruntergekommen.

## 25. MAI 2013

Muttilein, kennst du den Unterschied zwischen der SPD und Richard Wagner?

Da gibt's keinen. Beide sind in dieser Woche in Leipzig geboren worden. Die SPD vor 150 und Wagner vor 200 Jahren. Und beide sind bis heute umstritten.

Der Wagner wegen seiner Ansichten über die Juden.

Die SPD wegen ihrer Hartz-IV-Gesetze.

Der Wagner hat ja übrigens sozusagen den Urtyp des heutigen Politikers erfunden. Ich sage bloß »Lohengrin«! Am Anfang spielt der sich auf als Retter und tut dicke. Sobald man ihm aber eine konkrete Frage stellt, macht er sich dünne. Das beste Beispiel ist doch jetzt dafür gerade der de Maizière. Die Kampfdrohne im Bienenstock von Angela Merkel. Jahrelang hat der in ein UFO investiert, in ein unbemanntes Flugobjekt, und jetzt stellt sich heraus, das Ding kann in Europa gar nicht zugelassen werden, weil ein Kollisionsschutz fehlt. Das ist so was wie ein ABS-System für Flugzeuge. Dadurch könnte so eine Drohne mit anderen Flugzeugen zusammenstoßen. Deshalb sind mindestens 500 Millionen Euro Schaden für den Bund entstanden. Nun verlangt der Bundesrechnungshof Aufklärung, aber de Maizière macht auf »Lohengrin« und sagt: »Nie sollst du mich befragen!« und macht lustig weiter, als wäre nichts passiert.

Erinnerst du dich noch an die Emmely? Die Kassiererin im Supermarkt, die Flaschenbons in Höhe von 1,35 € eingelöst hat, die keinem gehörten? Folglich ist auch niemandem ein Schaden entstanden. Trotzdem ist die sofort von ihrem Stuhl an der Kasse geflogen. De Maizière dagegen bleibt weiter auf seinem Ministersessel hocken. Denkt er. Ich behaupte aber, seine Tage sind gezählt … Wie ich darauf komme? … Die Kanzlerin hat de Maizière am Mittwoch ihr vollstes Vertrauen ausgesprochen. Das hatten wir schon mal bei Guttenberg, Röttgen und Schavan. Und was mit denen geworden ist, habe ich dir erzählt. Dazu kommt noch, das die Änschie großer Wagner-Fan ist. Deshalb kennt sie auch den »Lohengrin«. Als der konkrete Fragen beantworten musste, war seine Macht futsch und er wurde von einem großen weißen Vogel, der in Wirklichkeit der verzauberte Retter des Landes war, von der Bühne gezogen … Was kannste dir nicht vorstellen? … Dass die Merkel die Retterin des Landes sein soll … Wieso kommste denn auf die? … Weil ich großer weißer Vogel gesagt habe? … Was hat denn der mit Angela Merkel zu tun? … Was soll ich gestern beim Abendbrot gesagt haben? … »Die polnische Gans ist wieder im Bild.« Muttilein, ich habe gesagt: Man hat ihre Wurzeln, die polnischen, ganz klar nachgewiesen in BILD. Ihr Großvater hieß nämlich Kaczmirczak. Außerdem ist es mir doch völlig wurscht, wo die herkommt. Denn wie sagte schon Richard Wagner: »Es ist nicht wichtig, dass der Mensch vom Affen abstammt, viel wichtiger ist, dass er nicht wieder dahin zurückkehrt.«

## 1. JUNI 2013

Muttilein, ich an deiner Stelle würde mir das noch mal überlegen … Was? … Na, dass du mit den Enkeln nachher zu diesem Ringelpiez gehen willst … Ja, ich weeß, heute ist Internationaler Kindertag. Aber doch bloß bei uns im Osten. Im Westen heißt das Weltkindertag und der ist erst am 20. September.

Wer heute mit seinen Kindern feiert, macht sich eigentlich strafbar, weil er einem DDR-Symbol huldigt. Da musste vorsichtig sein. Wenn du mit den Kids Eierlaufen machen willst oder Sackhüpfen, da gucke erst mal um die Ecke, ob da vielleicht schon einer liegt … Nein, Muttilein, kein alter Sack. Philipp Mißfelder ist ein junger … also junger Unionspolitiker. Der liegt nämlich auf der Lauer und wittert hinter jeder Ecke die Verherrlichung eines Unrechtsstaates. Der will sogar prüfen lassen, ob der Verkauf von Ostalgieprodukten nicht gar zur Verherrlichung der DDR führt und deshalb verboten werden sollte. Ampelmännchen, Vita-Cola oder Rotkäppchen-Sekt könnten die freiheitlich-demokratische Ordnung gefährden. Aber wenn in den rechtslastigen »Burschenschaften« schon wieder ein »Ariernachweis« verlangt wird oder sich in Münster der Vorstand der »Jungen Union« unter der Reichsflagge abbilden lässt, die auch von der NPD als Symbol benutzt wird, da kommt dem Mißfelder kein Wort über die Lippen. Weeßte, Muttilein, in der Landwirtschaft nennt man Felder, die keinen nennenswerten Ertrag abwerfen, Missfelder. Und die werden in der Regel nicht weiter beackert, sondern stillgelegt. Aber kaum ist frisches

Gras darübergewachsen, trampelt schon wieder ein anderer Knabe darauf herum. Der Hubertus zum Beispiel … Was sagste, Muttilein? … Was der Leiter der Stasi-Gedenkstätte in Berlin mit dem Kindertag zu tun hat? …

Na, das sagt doch schon sein Name: Knabe! Laut Lexikon ist das ein Lebewesen männlichen Geschlechts, welches das Erwachsenenalter noch nicht erreicht hat und sich deshalb infantil verhält. Und Infantile haben ein »Weltverständnis mit mangelndem Wirklichkeitsbezug«. Also, wenn du heute mit den Enkeln singst, wie wir früher gesungen haben:

»Kleine weiße Friedenstaube fliege übers Land.
Allen Menschen, groß und kleinen, bist du wohlbekannt.
Du sollst fliegen, Friedenstaube, allen sag es hier,
Dass nie wieder Krieg wir wollen, Frieden wollen wir«,

dann hält der Knabe das für eine Verherrlichung der DDR. Wenn du aber singen würdest:

»Kleine, schwarze Eurodrohne fliege unbemannt.
Alle Menschen, die dann sterben, tun's von Geisterhand.
Fliege über Berg und Täler, übers große Meer.
Krieg ist wieder ganz normal, sagt Onkel de Maizière«,

dann wäre das freiheitlich demokratisch … Was sagste, Muttilein? … Dir ist die Taube auf dem Dach allemal lieber als die Drohne im Einsatz … Ja, mir auch. Aber wenn das einer hört, dann haben die uns eher verknackt als die Zschäpe.

## 8. JUNI 2013

Muttilein, also langsam übertreiben die das mit ihrem Wahlkampf. Am Montag war in der »Magdeburger Volksstimme« eine Anzeige drin … Ja, Muttilein, da sind immer Anzeigen drin, wenn einer seine Frau verkaufen will oder einen Hund heiraten möchte. Manchmal auch umgekehrt. Das ist ja nüscht Besonderes. Aber am Montag war eine riesige Annonce von einer Arzneimittelfirma abgedruckt. In großen fetten Buchstaben war da zu lesen: »Fast jede zweite Frau über 45 leidet unter Scheidentrockenheit« … Was sagste? … Das ist ein medizinisches Problem? … Aber doch nicht, wenn über der Anzeige Angela Merkel abgebildet ist. Dann ist das ein politisches.

Die Annonce hat vermutlich der Steinbrück geschaltet. So unter dem Motto: Wenn ihr die Merkel wählt, werdet ihr bald auf dem Trocknen sitzen. Das wollte die Kanzlerin nicht auf sich sitzen lassen und hat gleich am nächsten Tag Bilder von ihren Feuchtgebieten gezeigt … Äh, ich meine, sie hat von sich Bilder in den Feuchtgebieten gezeigt. Also, sie war Hochwasser gucken. Um zu beweisen, dass sie durchaus flüssig ist, holte sie aus ihrer Büchse … ich meine die, mit der sie sonst sehr sparsam ist … ihre Sparbüchse, Muttilein! Aus der holte sie 100 Millionen raus, um sie den Flutopfern in Aussicht zu stellen. 100 Millionen! Klingt viel, ist aber wenig. Denke mal dran, Muttilein, als der Hypo Real Estate Bank das Wasser bis zum Halse stand, da hat sie 150 Milliarden locker gemacht. Dagegen sind 100 Millionen ungefähr so, wie wenn du dich in Meißen in die überflutete Innenstadt stellst, einen Eimer voll Wasser abschöpfst und das als Fluthilfe verkaufst. Immer wenn das Volk nasse Füße kriegt, bringen die Politiker ihren Wahlkampf in trockene Tücher. Das fällt langsam auf, Muttilein. Immer fallen in Deutschland die Wahlen ins Wasser. Ins Hochwasser. Und das Hochwasser entscheidet dann, wer Kanzler wird. Gloob's nur, Muttilein. Immer wer zuerst auf dem Deich steht und guckt, wird Kanzler.

Gut, bei Helmut Kohl ging es 1997 bei der Oderflut schief. Kohl rauf auf den Deich – Kohl zu schwer – Deich gebrochen. Da hatte er es verkackt.

Darum haben die Leute 1998 lieber das Leichtgewicht Schröder gewählt.

Dann kam 2002 die sogenannte Jahrhundertflut an Elbe und Mulde: Schröder in gelben Gummistiefeln durch Grimma – danach wiedergewählt.

2005 Hochwasser in Bayern. Da war die Merkel vor Schröder auf dem Damm – Kanzlerin geworden.

2009 wieder Hochwasser in Bayern. Merkel guckte wieder als Erste aus den Sandsäcken – Kanzlerin geblieben.

Und jetzt Hochwasser an Elbe und Mulde. Da hatte der Steinbrück seine Wathose noch nicht mal über die Knie gezogen, da stand die Merkeln schon wie ein Erdmännchen zwischen den Sandsäcken und ließ sich fotografieren. Große Bilder in der Zeitung. Drunter stand: Angela Merkel inspiziert Sandsäcke. Klammer auf – Die Kanzlerin links im Bild – Klammer zu. Steinbrück dagegen posierte nur mit anderen Säcken. Seinem Impotenzteam … äh, Kompetenzteam.

Vielleicht lässt Änschie nun ihrerseits von einem Pharmakonzern eine Viagra-Anzeige drucken. Ein großes Bild von Steinbrück und drunter steht: »Steh auf, wenn du ein Schalker bist!« Gut, war jetzt ein Scherz, Muttilein. Aber Fakt bleibt: In jedem Wahljahr ist das Niveau der Flüsse höher als das Niveau des Wahlkampfes.

## 14. JUNI 2013

Ja, also, Muttilein muss ich heute mal entschuldigen. Die hat nicht alle Tassen im Schrank … also, die ist noch dabei, die einzuräumen.

Es muss doch jetzt wieder alles an seinen Platz. Nach dem Hochwasser. Das war ja nicht bloß in aller Munde, sondern auch in allen Ecken und Ritzen.

Und da ist ja das Wichtigste die Dichtung. Hält die, oder hält die nicht.

Ich bin ja auch gerade dabei, die Dichtungen wieder ins Regal zu stellen. Also die Bücher. Dabei ist mir eine Dichtung von Fontäne … Fontane … Also, von dessen Dichtungen ist mir eine in die Hand gefallen, die wir in der Schule früher mal gelernt haben. »John Maynard«: »Die ›Schwalbe‹ fliegt über den Erie-See.« Kennen Sie bestimmt auch noch, wo da immer die Zeile kam: »Und noch zehn Minuten bis Buffalo.« Müssense jetzt nicht nachgucken. Ich habe ihnen mal auf die Schnelle eine aktualisierte Fassung zusammengedichtet:

Die Elbe fliegt heran wie ein See.
Sie räumt wie ein Pflug, was im Wege steh.
Von Tschechien fliegt sie nach irgendwo.
Was keine Kiemen hat, vor ihr schon floh.
Durch die Menschen flussabwärts geht ein Geraun,
wenn im Bildschirmlicht sie beschaun sich das Graun.
Die Elbe ist rasend, sie muss vorwärts eilen,
denn man nahm ihr die Auen, wo sie könnte verweilen.
Jetzt ist sie schon in Bad Schandau durch.
Und noch drei Tage bis Machdeburch.

Alle Herzen sind bang, aus den Kehlen ein Schrei,
dass jetzt schon Meißen ersoffen sei.

»Wasser!« war es, was da klang.
Die Brühe in Keller und Stuben drang.
Jetzt floss sie auch schon durch Elster querdurch,
und noch zwei Tage bis Machdeburch.

Überall Menschen buntgemengt.
Auf Deichen stehen sie dichtgedrängt.
»Da vorn ist noch Luft!« »Hier reicht es nicht!«
»Gib her den Sandsack, ich mach's dicht!«
»Dort sickert es schon oben durch!«
Und noch anderthalb Tage bis Machdeburch.

Die Strömung wächst, der Pegel steigt.
Das Fernsehn schlimme Bilder zeigt.
Man sieht wie Menschen schon in Aken
in Booten durch die Straßen staken.

An Akens Partnerstadt Erwitte,
erging per Telefon die Bitte:
»Schickt uns doch eure Feuerwehr,
zur Unterstützung schnellstens her.«
»Per Telefon? So geht das nich,
der Antrag muss erst schriftlich auf den Tisch«,
sprach Akens Partnerstadt-Behörde,
die dafür abgesetzt gehörte.
Die Elbe hat vor Lachen in ihr Bett gepisst,
worauf der Pegel nochmals angestiegen ist.
So schoss er dann in Barby durch.
Und noch einen Tag bis Machdeburch.

In Schönebeck die Flut jetzt steht,
doch vergeblich nach dem OB man späht.
Nichts sieht und hört man von diesem Mann.
Und ruft die Presse bei ihm an:
»Noch da, Herr Haase?«
»Nee, Leute, ich bin
an 'nem Strand, tolle Brandung!
So ein Urlaub relaxt.«
»Dann bleibe doch gleich, wo der Pfeffer wächst!«,
schimpften die Schönebecker frustriert,
denn schon war die Altstadt evakuiert.
Die Elbe sie feixt, bricht die Stadtmauer durch –
Und nur noch Stunden bis Machdeburch.

Hier traf die Flut dann auf Lutz Trümper,
der als OB nicht so ein Stümper.
Er hat schon nach der null-zweier-Flut

seine Hausaufgaben gemacht. Und zwar gut.
»Noch da, Lutz Trümper?« Und als Antwort schallt's
mit ruhiger Stimme: »Ja, Leute, ich halt's!«
Und in die Brandung, was Klippe, was Stein,
lässt er Sandsack auf Sandsack reihn.
Doch trotz der Parole »OTTO bleibt trocken!«
holten sich viele nasse Socken.
Denn die geweissagte Pegelprognose
ging am Ende in die Hose.
Plötzlich stand die Elbe in Rothensee.
Doch tausende Helfer sagten »Nee!«.
Sie hatten sich über Facebook versammelt
und den Zugang zum Umspannwerk verrammelt.
Die Elbe guckte wie ein Lurch –
dann war durch Magdeburg sie durch.

Der Helfer alle, groß und klein,
ihre Namen stickt in die Sandsäcke ein.
Ihr habt uns gerettet, ihr tragt die Kron,
unsre ewige Liebe sei euer Lohn.

Bei Fontane wär an dieser Stelle Schluss.
Doch hier geht's weiter mit dem Fluss.
Er wird uns immer wieder stören,
wenn seine Botschaft wir nicht hören:
»Schnürt mich auf meinem Weg nicht immer enger
ins Korsett,
dann lasse ich auch euch in eurem Bett.
Das muss, nicht nur in Machdeburch,
endlich durch eure Köppe durch.«

## 22. JUNI 2013

Muttilein, da kannste mal sehen, wie sich die Zeiten ändern. Als der Obama 2008 an der Siegessäule geredet hat, da sind da noch 20 000 Leute hingerammelt. Freiwillig.

Jetzt, am Mittwoch, am Brandenburger Tor, waren es nur noch 4000. Unfreiwillig.

Sie wurden als Zuhörer handverlesen und von 8000 Polizisten bewacht …

Wie das kommt? … Na, Muttilein, 2008 da war Obama noch nicht Präsident, sondern Hoffnungsträger. Er trug die Hoffnung vor sich her, dass er, wenn er Präsident wird, was verändert. Jetzt ist er Präsident, aber dafür sind die Hoffnungen träger, dass er was verändert. Zum Beispiel hatte er 2008 noch versprochen, dass er das Gefangenenlager Guantánamo dichtmachen will. Das Ergebnis ist bisher gleich null. Jetzt hat er gesagt, er wolle seine Bemühungen diesbezüglich verdoppeln. … Was heißt hier schön? … Muttilein, wenn de eine Null verdoppelst, haste höchstens eine Doppel-Null. Und die ist bekanntlich das Symbol für eine Toilettentür. Also ist doch dieser Satz nichts anderes, als eine Scheißhausparole.

Oder wenn er vorschlägt, dass die USA die Atomwaffen um ein Drittel reduzieren wollen. Klingt viel, ist aber wenig. Von 1500 bleiben dann immer noch 1000 übrig.

Dabei reicht von dem Gelumpe schon eine. Das hat man doch in Hiroshima und Nagasaki gesehen. Die Journalisten saugen sich nun verzweifelt aus den Fingern, worin die Bedeutung dieser Rede überhaupt bestanden haben soll. Da kommen dann so Sachen wie: Das Brandenburger

Tor wurde gewählt, weil es immer ein Symbol des kalten Krieges war. Nun wäre er vorbei. Ja, klar, bei 35 Grad im Schatten ist der Krieg nicht mehr kalt, sondern alles deutet sogar darauf hin, dass er bald wieder heiß wird.

Als Symbol dafür hat sich Obama dann auch gleich seine Jacke ausgezogen. Da konnte er wenigstens nicht sich selbst die Taschen vollhauen.

Nu stand er da, im letzten Hemd – das er auf der Reise mithatte. Als »Mohr im Hemd« sozusagen … Nee, Muttilein, das ist keine Beleidigung. »Mohr im Hemd«, so nennt man in Österreich eine Süßspeise aus Schokolade mit Schlagsahne drauf. Und mehr sollte der Besuch Obamas auch nicht sein, als das Sahnehäubchen im Wahlkampf für Angela Merkel. Deshalb ist auch in Obamas Rede kein Satz für die Geschichtsbücher dabeigewesen. »Ich bin ein Berliner« konnte er nicht sagen, da hätte sofort Sarrazin gewettert: »Wir brauchen nicht noch mehr Migranten in der Stadt!«

»Tear down this wall, Mr. Gorbatschow!« wäre auch peinlich gewesen, denn da, wo früher die Mauer aus Beton stand, wurde jetzt extra eine aus Panzerglas vor die Politiker gebaut. Glasnost 2013.

Deshalb blieb der wichtigste Satz in Obamas Rede: »Freiheit und Demokratie beruhen auf der Legalisierung der Homo-Ehe.« Purer Wahlkampf eben. Obama will, dass Westerwelle Außenminister bleibt.

Tja, Muttilein, früher wurden uns die Wahlen aus Moskau vorgeschrieben, heute eben aus Washington.

## 29. JUNI 2013

Muttitlein, die Mitnahmementalität der Politiker kennt keine Grenzen. Jetzt wollen sie auch noch ihre Haustiere mitnehmen. Und zwar in den Bundestag … Was sagste, Muttilein? … Ob die alle einen Vogel haben? … Nee, manche auch einen Hund. Und deshalb sagen sie, man hätte ja schon von den guten Erfahrungen gehört, die mit Hunden gemacht wurden. In den Pflegeheimen.

Und was beim betreuten Wohnen klappt, wollen sie nun auch beim betreuten Regieren probieren. Natürlich, Muttilein, ist der Bundestag so was wie betreutes Regieren. Die Parteien werden von der Wirtschaft betreut durch Pflegegelder in Form von Spenden. Und nun haben eben 15 Abgeordnete von SPD und »Grünen« einen Brief an den Bundestagspräsidenten geschrieben, in dem wörtlich steht: »Mein Hund ist mein Freund. Er braucht meine Nähe und ich brauche seine.«

Muttilein, wenn ich so was lese, da könnte ich … Na, ist doch wahr! Da siehste doch, was die wahren Probleme der Abgeordneten sind.

Oder hast du schon mal gelesen, dass einer von den Brüdern geschrieben hätte: »Mein Wähler ist mein Freund. Er braucht meine Nähe und ich brauche seine.«

Aber auf der anderen Seite muss man auch sagen, wär's nicht schlecht, wenn in den Bundestag ein paar intelligente Wesen einziehen würden. Die Hunde wissen nämlich, wie man Menschen wirklich helfen kann. Hunde führen Blinde sicher durch das Leben. Was machen die Politiker? Die kürzen denen das Blindengeld.

Hunde retten das Leben von Menschen. Die Politiker schicken sie in Kriege.

Ein Spitzenhund kennt bis zu 250 Wörter. Ein Spitzenpolitiker nur zwei: »Sparen« und »alternativlos«.

Für Hunde ist das Wichtigste das Herrchen, für Politiker das Herrschen.

Nicht umsonst sagte ja schon Schopenhauer: Seit ich Politiker kenne, liebe ich die Hunde ... Was? ... Der hat von Menschen und Tieren gesprochen ....

Ja, Muttilein, aber der Sinn ist doch der gleiche. Ich sage dir, wenn ein Hund bellt, dann ist das allemal ehrlicher, als wenn ein Politiker redet. Wenn ein Hund »Wau!« sagt, dann weiß man genau – der meint das auch so.

Ob ein Politiker aber nun Wahlversprechen macht, oder Fiffi macht 'ne Wurst ...

Das ist übrigens auch noch ein Vorteil, Muttilein, die Scheiße, die ein Hund hinterlässt, ist schneller weggeräumt als die, welche ein Politiker hinterlässt.

Aber was soll's? Der Bundestag kann nämlich gar nicht auf den Hund kommen.

Das scheitert am Gleichheitsgebot des Grundgesetzes. Wenn nämlich Hunde zugelassen würden, dann müsste jeder sein Lieblingstier mitbringen können dürfen: der Finanzminister seinen Hamster, Rainer Brüderle seine Reblaus. Auf dem Flur stünde dann das Pferd, dessen Fleisch Dirk Niebel als Lasagne an Bedürftige verteilen will. Und die Sendung »Elefant, Tiger & Co« bekäme noch eine Konkurrenz. Denn jeder Bericht aus dem Bundestag hieße dann »Ferkel, Steinlaus & so – Neues aus dem Berliner ZOO«.

## 6. JULI 2013

Hällo boys änd girls, eim sitting hier bei the bräkfest. And the tschelowek … Oh sorry, this was russisch … äh, raschen … Ei mien, the pörsen, hu is sitting on mei seit, is Muttilein … Don't missverschtänd mie. No »Mutti«! »Mutti« is sitting in Börlin. Schie is Sitting Bull. Also, the Häuptling off all the Germans, änd Muttilein is only meine Gouvernante … Government … also, Regierung. Muttilein is sitting in the kitchen … No, not in Sing-Sing … Schie is bring-bring. Mei Bräkfest. Ju anderständ mie? This is the different to »Mutti«. Sitting Bull is making Bullshit and Muttilein is making Bulletten. This was ä Joke. Anderständ mie? Yes …. Please wait a moment. Muttilein kommt gerade aus der Küche … Excuse mie … Schie häs ä komming aut … Muttilein, was willst denn du jetzt hier? Du not distürb mie! Ich muss mich heute doppelt konzentrieren. Englisch ist nicht so einfach … Was der Quatsch soll? … Wieso Quatsch?

Seit raus ist, dass die Amerikaner alles mithören, was wir sagen, will ich denen bissel die Arbeit erleichtern. Da müssen die das nicht erst übersetzen, verstehste? In der Zeit können die schon wieder ein anderes Gespräch anzapfen …

Was heißt hier Zustände wie bei der Stasi … Muttilein, das ist doch Schnee, den du jetzt redest … Dear friends, this was Snow, den Muttilein gerade geredet … Oh no! Snow den … Snowden nix here … Muttilein, du bringst uns noch in Teufels Küche mit deinem Dazwischengerede … No, nix missverstehen! Snowden nix in unsere Küche. Snowden nix check in. Snowden noch put in … also, bei Putin!

Muttilein, du musst mal bissel offpassen, was du redest! Du kannst das Abhören durch die Stasi doch nicht mit dem Abhören durch die Amerikaner vergleichen. Die Stasi hat doch mit dem Abhören bloß ihre eigenen Bürger kaltgestellt. Die Amis dagegen stellen eiskalt fremde Regierungen bloß. Unsere ist für die nur ein »Partner dritter Klasse« …

Was sagste, Muttilein? … Das wissen wir selber, dass wir keine erstklassige Regierung haben … Ja, aber wenn das jetzt sogar der große Bruder bestätigt, ist das doch wie ein Signal für die Abwahl … Yes, ei say: Big Brother is okay! Muttilein thinkt auch so. Weil der Schneemann das nun ausgeplaudert hat, mit der dritten Klasse, will die Opposition ihm jetzt bei uns Asyl gewähren. Zum Dank.

Aber die Regierung nicht. Zum Schur.

… Welchem Schneemann? Na, dem Snow…, den ich jetzt nicht aussprechen kann … Yes, boys, the show must go on! …

Außerdem Muttilein, hat die Kanzlerin am Mittwoch über eine abhörsichere Leitung mit Obama geredet, und der hat gesagt, er nähme ihre Sorge sehr ernst und sicherte ihr alle Informationen über seine Abhöraktivitäten zu. Zum Beweis, dass er das ehrlich meint, hat er ihr sofort eine Kopie des Gesprächs geschickt. Und damit: »Goooood morning, alle z'amm!«

## 13. JULI 2013

Na, Muttilein, das ist doch heute mal eine gute Nachricht. Finanzminister Bullerjahn will den Blinden das Geld kürzen. Um 84 €.

Richtig so, Jens! So blind wie die sich angestellt haben, beim BND, beim Verfassungsschutz und diesem ganzen Geheimdienstgeschwurbel. Die sind doch nicht nur blind, sondern offenbar auch noch taub und stumm. So wie sich das jetzt entwickelt mit dem Abgehöre durch die Amis, durch die Engländer und durch wen noch alles, da sind 84 € weniger immer noch zu viel.

Um nichts zu sehen, nichts zu hören und nichts zu sagen, da beschäftigen wir einen Haufen Leute. Dafür reichen den Japanern die berühmten drei Affen.

In Japan haben die nur Namen: Mizaru, Kikazaru und Iwazaru.

Bei uns haben die sogar Funktionen. Kanzlerin, Kanzleramtsminister, Innenminister.

Oder wie der Volksmund sagt: Blinde Kuh, Blindschleiche, Blindgänger.

Letzterer wurde ja gestern nach Amerika geschickt. Da soll der Friedrich Aufklärung fordern und sich mit amerikanischen Behörden treffen. Weeßte, was das wird, Muttilein? Ein Blind-Date. Die NSA hat uns doch schon klar gemacht, das Amerika im Weltorganismus das Herz ist und Deutschland nur der Blinddarm. Und wenn der anfängt zu reizen, muss man ihn beobachten, dass er sich nicht etwa entzündet. Sonst muss er raus. Deshalb sollten wir auch weiterhin blindes Vertrauen haben im Darm der

USA, sagt die Kanzlerin. Und somit ist doch jeder Protest nur blinder Alarm … Aua, was trittst du mich denn immer unter dem Tisch, Muttilein? … Was? Der Bullerjahn will gar nicht denen das Geld kürzen, die weiterhin auf blinden Gehorsam machen, sondern nur den Blinden und Sehbehinderten in Sachsen-Anhalt … Ach du Scheiße, da war ich ja jetzt völlig daneben … Äh, vergessen Sie das, was ich eben gesagt habe, ich fange noch mal neu an.

Muttilein, das ist ja wieder ein schlechte Nachricht.

Finanzminister Bullerjahn will den Blinden das Geld kürzen. Um 84 €.

Das ist das Geld, welches die Blinden bekommen für Haushaltshilfen oder für Vorleser. Auf der anderen Seite, will aber die SPD den Mindestlohn erhöhen auf 8,50 €. Also auch für Haushaltshilfen und Vorleser. Mit weniger Geld können sich die Blinden die dann gar nicht mehr leisten. Dann kann ihnen auch keiner mehr vorlesen, was z. B. Putin gegen die Abhörmaßnahmen der Amis unternimmt. Er lässt den Kreml wieder mit mechanischen Schreibmaschinen ausrüsten, weil ihm die Computer zu unsicher sind. Und irgendwann sitzen wir dann alle wieder vor unseren Höhlen und hauen unsere Hieroglyphen in Steintafeln. Zu Sicherheit in Blindenschrift.

Dann müssten die Blinden dem Bullerjahn vorlesen. Und nicht nur die Leviten.

# 20. JULI 2013

Muttilein, weeßte, was heute für ein Tag ist? … Sonnabend? … Ja, schon, aber es ist der 20. Juli. Da ist Bergtag … Nein, Muttilein, ich meine nicht die Bergetappe bei der Tour de France.

Auch nicht den Schuldenberg in der EU. Ich meine den Stauffenberg. Im Fernsehen! Den Film … Wie, mit wem? …

Na, mit Stauffenberg! … Ach so, du meinst, wer den diesmal spielt? … Das ist doch egal, Muttilein, ob den nun Bernhard Wicki, Sebastian Koch oder Tom Cruise spielt. Keiner von denen hat es doch geschafft, den Hitler wegzuräumen. Alle machen sie denselben Fehler. Aber trotzdem wird der Stauffenberg als Held gefeiert. Wenn auch nur einmal im Jahr. Während Hitler jeden Tag im Fernsehen ist.

Muttilein, da brauchste doch nur mal in die Programme von Phoenix oder ZDFinfo zu guggen. Da kommt andauernd entweder »Hitlers Werdegang«, »Hitlers Waffengang« oder »Hitlers Stuhlgang«. Aber damit könnte jetzt Schluss sein … Nein, nicht mit dem Hitler, mit dem Stauffenberg … Warum? … Wegen Gauck!

Der hat doch im ZDF gesagt, » für puren Verrat oder die Überschreitung von Verpflichtung, die man selber eingegangen hat und mit seiner Unterschrift besiegelt hat, dafür habe ich kein Verständnis.« … Nein, Muttilein, das hat der Gauck nicht über Stauffenberg gesagt, sondern über Snowden, auf die Frage, ob der für ihn ein Held sei.

Aber die Antwort Gaucks würde dann ja auch auf den

Stauffenberg zutreffen. Dann hätte der ja auch seinen Führer verraten, obwohl er bei dem öffentlich seinen Dienst unterschrieben hat. Und »der öffentliche Dienst muss auf Vertrauenswürdigkeit setzen«, sagt Gauck. … Nein, nicht über Stauffenberg, über Snowden.

Dabei ist ja der größte Witz, dass der Gauck den Geheimdienst NSA als »Öffentlichen Dienst« bezeichnet. Als die in den United Stasi of America … äh, den United States of America das Interview mit dem Gauck abhörten, haben die sich eingepinkelt vor Lachen. Aber Gauck hatte noch einen Knaller im Rohr, als er sagte, dass man die NSA nicht mit der Stasi und dem KGB vergleichen kann, weil die NSA nämlich »keine dicken Aktenbände hat, in denen unsere Gesprächsinhalte fein säuberlich aufgeschrieben und abgeheftet sind«. Da hat Gauck allerdings Recht. Die NSA hat keine dicken Aktenbände. Die haben alles auf Festplatten. Und die Spitzel, die in unseren Computern alle Blogs durchforsten, heißen auch nicht IM, sondern Blog-Wart.

Und bei denen hätte unser Bundesfriedrich … also, der Innenminister derart auf den Tisch gehauen, hat er vor dem Untersuchungsausschuss gesagt, dass Obama weiß geworden wäre. Wenn er dagewesen wäre. Die NSA habe ihm darauf hoch und heilig versichert, dass sie unser Grundgesetz nicht verletzt hat.

Und das ist nicht mal gelogen. Muttilein, ich habe extra noch mal in das Grundgesetz reingeguggt. Und da heißt es wörtlich: »Die Würde des Menschen ist unantastbar.«

Von Telefonen und Computern steht da nüscht.

## 27. JULI 2013

Muttilein, Angela Merkel hat Urlaub. Das weiß ich aus dem Fernsehen. An ihrem ersten Urlaubstag werden doch immer die Bayreuther Festspiele eröffnet. Da geht sie gerne guggen. Ihr Begleiter war Sauer … Nein, nicht weil er mit musste. Ich meine mit Sauer ihren Mann. Während es bei Gauck Schadt war … Nee, nicht dass der Bundespräsident geworden ist, dass die Schadt daneben ging … also ihn begleitet hat. Na ja, ausgerechnet beim »Fliegenden Holländer« … Warum? … Muttilein, weil in dem Stück geht es ja um die unbedingte Treue. Und wenn der Gauck da so offen mit seiner Zweitfrau … also, ich weeß nicht, ob das dem Wagner so gefallen hätte … Was sagste? … Der Wagner hat ja auch seine Frau sitzen lassen und sich eine andere genommen … Ja, aber der Wagner war ordentlich geschieden. Außerdem wäre Wagner sowieso sprachlos gewesen, weil er sein Stück gar nicht wiedererkannt hätte. Das ging schon beim Bühnenbild los.

Statt des »Fliegenden Holländers« von Wagner hätte das auch »Das fliegende Klassenzimmer« von Kästner sein können. Oder der »Fliegende Teppich« von Niebel.

Das Drama spielte nämlich nicht in einem Seehafen, wie Wagner sich das ausgedacht hat, sondern auf einem Flughafen. Und als dann der »Holländer« auftrat, der aber ein Koreaner war, obwohl Korea nicht mal eine holländische Kolonie war, wurde ich noch stutziger. Aber als dann der Holländer sang … nein, Muttilein, nicht auf Koreanisch, sondern auf Deutsch, dass er nicht wisse, wo er hin soll, keiner wolle ihn haben und dabei immer seinen Rollkoffer vor sich hin und her schob, da wusste ich, was das soll. Deshalb also kein richtiger Hafen am Meer, sondern ein Flughafen! Das sollte Edward Snowden darstellen, der dort festsitzt. Deshalb auch das koreanische Aussehen. Man hatte ihm offenbar zu einer Gesichtsoperation geraten, damit er unerkannt ausreisen kann. Und in dem Koffer hatte er die brisanten Dokumente. Deshalb singt der ja auch: »Mit Schätzen aller Gegenden ist reich mein Schiff beladen.« Er singt zwar Schiff, zeigt aber immer wieder auf seinen Koffer. Und an der Stelle: »All meinen Reichtum biet ich dir, wenn bei den deinen du mir neue Heimat gibst«, guckte er ganz sehnsüchtig zu Angela Merkel empor, die auf dem Rang saß. Denn nur eine Frau von Rang kann ihn erlösen. Bei Wagner heißt die Senta.

In dem Moment wollte Genscher, der hinter Senta … äh, Angela saß, aufspringen und rufen: »Ich teile Ihnen mit, dass ihre Ausreise in die Bundesrepub…«, da konnte Senta Merkel ihm gerade noch den Mund zuhalten, denn auf der Bühne sang jetzt der Tenor, so eine Art Pofalla, und erinnerte Senta daran, dass sie schon einem anderen ihre Treue versprochen hat. »Willst jenes Tages du dich nicht mehr entsinnen«, singt er und meint damit jenen Tag, als dieser Jemand sich vor dem Brandenburger Tor seine Jacke ausgezogen hat. Als der Snow… also der koreanische Holländer das hörte, nahm er seinen Koffer und zog wieder traurig in den Transitbereich ab. Und ich zog die Stirn in Falten und fragte mich, Muttilein, was man in diesem Jahr mehr feiern sollte? Dass Wagner vor 200 Jahren geboren wurde? Oder dass er vor 130 Jahren gestorben ist und dieses Schmierentheater nicht mehr miterleben musste?

## 3. AUGUST 2013

Muttilein, es ist ja überall noch Festspielzeit, und da dachte ich, wir machen weiter in unserer Rubrik: »Was ist denn heut in Bayreuth los« … Was uns in Sachsen-Anhalt der Wagner angeht? … Du, der war ja zwei Jahre in Magdeburg. Danach hat er allerdings die Stadt verlassen mit der Bemerkung: »Alles Arschlöcher und Ignoranten in Magdeburg.« … Was is? … Da wundert es dich, dass die Hallenser nicht Wagner zum Ehrenbürger gemacht haben, sondern Händel … Sehr witzig, Muttilein. Der Wagner hat das damals gesagt, weil die Magdeburger die Aufführung seiner Oper »Das Liebesverbot« zu einem Eklat werden ließen. So wie jetzt in Bayreuth beim »Ring des Nibelungen«. Da hat der Regisseur Frank Castorf die Zuschauer … Nee, Muttilein, nicht als Arschlöcher bezeichnet, er hat ihnen aber einen Vogel gezeigt, weil sie seine Inszenierung ausgebuht und ausgepfiffen haben.

Wagners »Ring« ist ja sozusagen der Gipfel für jeden Wagnerianer. Castorfs »Ring« dagegen bloß die Höhe.

Im »Ring« hat der Wagner beschrieben, wie die Welt eigentlich funktioniert. Ich will mal so sagen, Muttilein, im Prinzip ist der »Ring des Nibelungen« wie das »Kapital« des Karl Marx. Bloß eben gesungen. Und auch die Form ist ähnlich. Das Kapital besteht aus drei Büchern. Der »Ring« aus drei Opern. »Walküre«, »Siegfried« und »Götterdämmerung«. Und als Vorgeschichte: »Das Rheingold«. … Was ist, Muttilein? … Natürlich gibt es auch beim »Kapital« eine Vorgeschichte: »Das Kommunistische Manifest«.

Jedenfalls hat der Castorf die ganze Story übersetzt in die heutige Zeit. Das Gold von heute ist bei ihm eben das Öl. Deshalb sprechen böse Zungen auch nicht mehr vom Castorf-Ring, sondern vom Castrol-Ring. Castrol … äh, Castorf lässt nämlich das »Rheingold« nicht, wie von Wagner vorgesehen, am Rhein spielen, sondern an einer Tankstelle in Texas. Die Rheintöchter sind bei ihm mehr Rein-und-Raus-Töchter … wennde weeßt, was ich meine. Also keine Nixen, sondern Nutten. Und die lümmeln an einem Swimmingpool rum. Weil sie aber mit dem Geschäftsmann Alberich keine Liebe machen wollen, klaut der ihnen ihr Gold in Form einer Isomatte. Gold oder Liebe! Das ist doch eine Aussage, die gilt bis heute.

Die »Walküre« spielt dann in Aserbaidschan. Also in der Ölhochburg Russlands. Aus dem Göttervater Wotan macht Castorf so eine Art Stalin: Kommunismus ist Sowjetmacht plus Erdöl. »Siegfrieds Rheinfahrt« findet dann auf der Saale statt, vorbei an den Leuna-Werken: Chemie bringt Brot, Wohlstand und Schönheit. Und anstatt in Drachenblut hat Siegfried in E-10 gebadet, was ihn verletzlich macht. In der »Götterdämmerung« schließlich werden die Tücher von Wotans »Götterburg«, die aussieht, wie der verhüllte Reichstag von Christo, weggezogen, und was kommt zum Vorschein? Die New Yorker Börse. Da sieht man, wer die Welt eigentlich regiert: Kein Gott, kein Kaiser, kein Tribun. Für diese Enthüllung soll Obama von Merkel schon die Auslieferung Castorfs als Whistleblower verlangt haben? Der amerikanische Justizminister hat versprochen, ihn nicht weiter zu foltern. Die Pfiffe und Buhs in Bayreuth würden angerechnet.

## 10. AUGUST 2013

Muttilein, wir werden uns immer ähnlicher. Nee, nich mir beede. Die alten und die neuen Bundesländer. Da wächst zusammen, was zusammengehört. Durch Doping.

Als Vater des Dopings gilt ja Goethe. Von dem stammt doch die Faust-Regel: »Blut ist ein ganz besondrer Saft«. Und Eigenblut ein noch besondererer. Das ist es, was die Welt im Innersten zusammenhält. Die Sportwelt. Deutschland einig Epo-Land. Noch vor Kurzem hieß es:

Wenn einer aus dem Osten kam,
schnell rannte, schwamm und radelt,
Medaillen mit nach Hause nahm,
dann war der Kerl genadelt.

Die Spitzensportler aus dem Osten waren alles Spritzensportler. In dem Stil jagte eine Schlagzeile die nächste. Die Presse war voll von Namen. Von Springstein über Breuer bis Krabbe zerriss man sich die Labbe. Weil sie sich ein Kälbermastmittel haben verabreichen lassen, waren sie die dümmsten Kühe des Ostens. Springstein mutierte zum Frankenstein, der Laufmonster züchtete, um den armen Sportlern aus dem Westen den Rang abzulaufen.

Während man im Westen nur unschuldig trainierte auf Tartan, machten die Medien aus dem Ostsport Tartar. Als dann bei Dieter Baumann, Klammer auf Wessi Klammer zu, 1999 festgestellt wurde, dass er nicht nur Erfolge im Urin hatte, sondern auch Nandrolon, war das folgerichtig kein Doping, sondern ein Anschlag. Durch die Stasi.

Die hätte Baumann das Zeug in seine Zahnpasta gemixt, hieß es, und die Zahnpasta danach wieder in die Tube zurückgedrückt. Zahnpasta in die Tube zurückdrücken war eine Fähigkeit, die nur die Stasi besessen hat. So besessen war man damals.

Ja, Muttilein, Sport war noch nie bloß Sport. Sport war immer Kampf. Klassenkampf! ... Was sagste? ... Warum dann heute immer noch gedopt wird? ... Weil Sport heute Kassenkampf ist. Geschäft! Nur der Schnellste und Stärkste verdient Geld. Und nur für den Schnellsten und Stärksten zahlen die Zuschauer Eintritt.

Bisher hieß es immer, dass die DDR mit dem Doping 1974 systematisch begonnen haben soll. In der neuen Dokumentation steht aber, dass der BRD-Innenminister schon 1971 von einem Arzt gefordert hätte: »Von Ihnen als Sportmediziner will ich nur eins: Medaillen in München ... koste es, was es wolle« ... Wer der Arzt war? ... Tja, Muttilein, Namen werden nicht genannt. Deshalb fehlen in dem Bericht auch 680 Seiten. Wegen des Datenschutzes! Sagt man.

Im 30-jährigen Krieg hat man das verständlicher formuliert: »Man hängt keine Reichen an deutsche Eichen.« Was sagste, Muttilein? ... Wenn das Doping West schon 1971 politisch gewollt war, wäre das staatlich geförderte Doping Ost ab 1974 quasi nur eine Antwort auf das Doping West ... Nee, Muttilein, so kann man das nicht sehen, sagt Sachsen-Anhalts Ministerpräsident Haseloff. Und da hat er recht. Wer war denn 1971 der Innenminister im Westen? Hans-Dietrich Genscher! Und der stammt aus Halle. Schuld am Doping bleibt also so oder so – der Osten.

## 17. AUGUST 2013

Muttilein, kennst du den Unterschied zwischen Gustl Mollath und Jesus? ... Da gibt's offensichtlich keinen. Das geht schon beim Namen los. Mollath heißt Gustl. Und zu Jesus sagen se in Bayern umgangssprachlich auch »Lattengustl«. Beide sind ja im Prinzip wegen der gleichen Delikte verurteilt worden. Sie sind Personen und ihren dubiosen Geschäften zu sehr auf die Pelle gerückt.

Der Jesus hat deswegen die Wucherer aus dem Tempel gejagt, und der Mollath hat seine Frau angezeigt, weil die als Bankangestellte illegale Geschäfte betrieben hat.

Das nennt man Kapitalverbrechen ... Nee, Muttilein, nicht das, was die Wucherer und die Ex-Frau von dem Mollath gemacht haben. Dass Jesus und Mollath sich dagegen gewehrt haben, ist für das Kapital ein Verbrechen. Dafür wurde der eine ans Kreuz gekloppt und den anderen erklärte man kurzerhand für bekloppt. Durch ein fingiertes Gutachten. Und jetzt sollen beide Prozesse neu aufgerollt werden ... Was sagste, Muttilein? ... Bei Mollath kannste das verstehen, aber wie das bei Jesus funktionieren soll?

Das kann ich dir sagen. Ein Anwalt aus Kenia hat beim Internationalen Strafgerichtshof in Den Haag Anzeige erstattet, weil, sagt der Anwalt, Prozess und Kreuzigung damals rechtswidrig verlaufen seien, indem die Menschenrechte von Jesus verletzt wurden. Obwohl der Richter Pilatus gesagt hat: »Ich finde keine Schuld in diesem Menschen«, hat er als römischer Statthalter nicht den Arsch in der Toga gehabt, ihn einfach freizulassen, sondern eine dubiose Abstimmung veranlasst. Quasi eine frühe Form von Facebook. Und da haben die meisten gesagt: Kreuzigung – Gefällt mir. Und das, sagt der Anwalt, wäre auch noch die falsche Todesart gewesen. Die galt nämlich nur nach römischen Recht. Der Prozess fand aber in Galiläa statt. Da hätte Jesus eigentlich gesteinigt werden müssen. Gut, tot ist tot. Aber durch einen Verfahrensfehler. Da aber Pilatus und sein Dienstherr Kaiser Tiberius nicht mehr vor Gericht erscheinen können, klagt der Anwalt nun gegen ihre Rechtsnachfolger. Das wäre Italien. Italien aber sagt: Das ist Sache der Kirche! Die baut doch ihr ganzes Imperium auf dieser Geschichte auf. Sie behauptet ja sogar, Gott habe den Tod Jesu gewollt, um die Menschheit zu erlösen. War das etwa dann sogar ein Auftragsmord?

Die Mafia hat schon beteuert, sie sei unschuldig. Gott sei Zeuge. Wie willste aber Gott zur Zeugenaussage nach Den Haag kriegen? Das geht schon bei der Vorladung los. Wo schickste die hin? Himmel, Milchstraße Nr. 1, oder wie? … Was sagste? … Die kann an seinen Stellvertreter auf Erden geschickt werden … Ja, aber der Papst wird sagen: Nee, wir Katholen haben es mehr mit der Jungfrau Maria. Wenden sie sich mal an den Rechtsnachfolger des Heiligen Römischen Reiches Deutscher Nation. Da ist die Rechtsnachfolgerin eine protestantische Pfarrerstochter. Die steht mehr auf Jesus. Und dann müsste Angela Merkel nach Den Haag auf die Anklagebank.

Und spätestens hier drängt sich die Vermutung auf, wer diesen Anwalt in Kenia beauftragt hat: Peer Steinbrück! Denn Angela Merkel auf diese Art und Weise loszuwerden, wäre für ihn, nach Stand der Dinge, die einzige Möglichkeit, doch noch Bundeskanzler zu werden.

## 24. AUGUST 2013

Muttilein, nach Sozialismus und Kapitalismus kommt jetzt schon wieder eine neue Lebensform auf uns zu. Der Euphemismus. Das Zeitalter des beschönigenden Sprechens. Da werden Sachverhalte bewusst verhüllt oder beschönigt. Da spricht man eben nicht mehr von entlassenen Arbeitern, sondern von freigesetztem Humankapital. Die Putzfrau nennt man »Parkettkosmetikerin«, den Hausmeister »Facility-Manager« und den Entwicklungshilfeminister »Dirk Niebel« … Nee, andersrum. Dirk Niebel nennt man beschönigend »Entwicklungshilfeminister«.

Solche Beispiele könnte ich dir ohne Ende bringen. Gerade haben wir ja die Diskussion um den »Negerkuss« hinter uns. Weil Neger abwertend wäre, heißt das jetzt »orale Zärtlichkeitsbekundung eines Menschen mit dunkler Hautfarbe«. Das führte bereits zu weitreichenden Konsequenzen.

Die Salzburger Festspiele wollten in diesem Jahr, weil ja nicht nur Wagner-, sondern auch Verdi-Jahr ist, ursprünglich »Othello – Der Mohr von Venedig« spielen. Da auch die Bezeichnung Mohr nicht politisch korrekt ist, hätten sie auf das Plakat drucken müssen: »Othello – der stark pigmentierte Venezianer«.

Dazu reichte aber der Platz nicht. Hamse eben stattdessen »Don Carlos – Infant von Spanien« gespielt. Infant darf man nämlich noch sagen, weil sich die Infantilen noch nicht beschwert haben. Obwohl man es bei denen ja am ehesten erwarten könnte, dass die sich kindisch verhalten und leicht eingeschnappt sind.

Vielleicht haben die das auch in ihrer Naivität noch nicht mitgekriegt. Jedenfalls sind jetzt erst mal die Zigeuner auf den Plan getre… Oh, nee Zigeuner darf man ja auch nicht mehr sagen. Also, die Rotationseuropäer, haben sich jetzt über den Begriff »Zigeunersoße« beschwert … Nee, Muttilein, Soße kannste noch sagen, bloß Zigeuner nicht.

Deshalb soll jetzt eine Umbenennung stattfinden in »Pikante Soße«, oder »Paprikasoße mit stückigen Einlagen«.

Muttilein, wenn sich jetzt jeder beschwert, der in irgendeiner Form mit Lebensmitteln in Verbindung gebracht wird, wo kommen wir denn da hin?

Die Wiener und Frankfurter wollen dann nicht mehr Würstchen genannt werden, die Berliner lassen sich nicht mehr als Pfannkuchen verkaufen und den Schweden ist es im Eisbecher zu kalt. Vom »Kosakenzipfel« will ich jetzt gar nicht reden.

Und anstatt Jägerschnitzel sagen wir dann wahrscheinlich »Fauna in der Flora-Regulierer mit Langwaffengebrauchsrecht-Schnitzel«, oder wie?

Und dann kommt vielleicht sogar noch die »Volkssolidarität« und findet den Begriff »Seniorenteller« diskriminierend.

Wenn das unsere Probleme sind, da könnte man nur kot… oh, nee … im Zeitalter des Euphemismus muss ich ja sagen: Da könnte man nur … sich das Essen noch mal durch den Kopf gehen lassen.

## 31. AUGUST 2013

Muttilein, erinnerst du dich noch? Am Monatsanfang hamse in London den ersten künstlichen Burger vorgestellt … Nee, Muttilein, nicht den ersten künstlichen Londoner. Sondern einen Hamburger. Also, einen Bratklops. Der war aber nicht wie üblich aus gehäckselter Kuh hergestellt, sondern im Labor aus Stammzellen vom Muskelgewebe. So soll der auch geschmeckt haben. Die Frage war deshalb: Wer kommt auf die Idee, so ein Ding zu essen?

Die Antwort kommt nun drei Wochen später aus Wien. Da haben Forscher ein menschliches Gehirn künstlich hergestellt. Das hat die Größe einer Erbse.

Vor ein paar Jahren haben wir das noch als Witz erzählt: Wie kriegt man das Gehirn von George Bush auf die Größe einer Erbse? Antwort: Aufblasen.

Aber wie sagte schon Karl Marx: Der Witz wird zur materiellen Gewalt, wenn er die Forscher ergreift … Nein, Muttilein, die haben in Wien nicht das Gehirn von George Bush aufgeblasen, sondern wie bei dem Klops in London Stammzellen genommen. Nur eben nicht von der Kuh, sondern vom Menschen. Und aus so einer Stammzelle kann bekanntlich alles werden. Schließmuskel oder Gehirn.

Manchmal läuft auch was falsch. Dann ist der Schließmuskel dort, wo das Gehirn eigentlich hin sollte. Daher auch der Ausdruck: Der hat einen Furz im Kopp. Was auf der anderen Seite bedeutet, er hat sein Gehirn ausgeschi… Ich möchte das jetzt beim Frühstück nicht weiter vertiefen, Muttilein.

Jedenfalls sind die Wissenschaftler den Visionen die schon Goethe hatte, einen großen Schritt näher gekommen. Goethe beschreibt ja im »Faust II« die Versuchsanordnung für einen Homunkulus:

»Den Menschenstoff gemächlich komponieren,
in einen Kolben verlutieren und ihn gehörig kohobieren«,
… also destillieren, meint der Goethe,
»so ist das Werk im Stillen abgetan …
Ein großer Vorsatz scheint im Anfang toll;
Doch wollen wir des Zufalls künftig lachen,
Und so ein Hirn, das trefflich denken soll,
Wird künftig auch ein Denker machen.«

Sagt der Dichter. Und die Wissenschaftler sagen, man könnte so in Zukunft geistige Fehlleistungen beheben. Dann würde vielleicht der Friedensnobelpreis nicht an Obama vergeben, der schon wieder einen neuen Krieg anzetteln will. Dafür würde aber einer wie der Bradley Manning, der Kriegsverbrechen aufgedeckt hat, dann nicht zu 35 Jahren Gefängnis verurteilt, sondern den Friedensnobelpreis bekommen. Oder wir würden bei einer Wahl mal die richtige Entscheidung treffen. Aber das bleibt noch Utopie. So ein Experiment kann nämlich auch in die Hose gehen. Am Ende kommt dann statt Einstein doch nur Frankenstein raus. Das wusste Goethe auch. Deshalb lässt er zum Publikum sagen: »Am Ende hängen wir doch ab, von Kreaturen, die wir machten.« Bezeichnenderweise spricht diese Worte der Teufel.

# 7. SEPTEMBER 2013

Ich weiß ja nicht, wie es Ihnen ging, aber ich fand den Film am vorigen Sonntag um Viertelneune enttäuschend. »Das Duell« hieß er. Da hatte ich schon so Bilder im Kopf, wie: Morgengrauen … feuchte Wiese … Nebel. Das Geräusch von klirrenden Klingen oder pfeifenden Kugeln zerfetzt die Luft. Muttilein hatte gedrängelt: »Den müssen wir uns unbedingt angucken.« Ich sage noch: »Heu? Seit wann guckst du denn so was?«

Meist guckt Muttilein ja sonntags um die Zeit immer Rosamunde Lindström oder Inga Pilcher. Ich sage dann immer: »Na, Muttilein, heute wieder ›schöne Menschen, schöne Landschaft, schöne Scheiße‹?« Aber das traf auf »Das Duell« nur teilweise zu.

Es fehlten die schöne Landschaft und die schönen Menschen. Da hatten se zweie hingestellt, die sahen aus wie Merkel und Steinbrück. Der Merkel-Darstellerin hatte die Requisite eine schwarz-rot-goldene-Kette umgelegt. Das führte dann zu einer Kettenreaktion beim Steinbrück-Darsteller. Der sprach von der Merkel-Darstellerin als von einer bunten Schachtel, in der nichts drin wäre. Der Regisseur muss auch noch nie ein richtiges Duell gesehen haben. Anstatt dass sich die beiden Duellanten gegenüberstanden, damit sie sich auch richtig treffen können, hatte er sie nebeneinander aufgestellt.

So ging jeder Schuss ins Leere.

Dann war der Film auch noch schlecht zusammengeschnitten. Ab und zu tauchten aus anderen Sendungen wie »RTL-Aktuell«, »Illner«, »Will« und »Schlag den Raab«

Gesichter auf, die Fragen stellten, die aber nie zu den Antworten passten. Ich mache mal ein Beispiel. Wenn der RTL-Klöppel fragte: »Wie spät ist es?«, dann antwortete die Merkel-Darstellerin: »Ich glaube, dass wir da die besseren Konzepte haben.« Oder als die Will wissen will: »Herr Steinbrück, wie wollen Sie Angela Merkel aus der Reserve locken?«, da antwortet der: »Das Arbeitsvolumen in Deutschland hat abgenommen.«

Muttilein sagte, da wäre nichts zusammengeschnitten, das wäre live gewesen. Ich sage zu Muttilein: »Muttilein, das kann ich mir nicht vorstellen. So was hätten sich doch die Frager nicht gefallen lassen.« Keiner von denen hat Zähne gezeigt. Gut, ausgenommen Stefan Raab. Aber bei dem ist das anatomisch bedingt. Immerhin hat der, ich überspitze mal, wenn der Steinbrück auf eine Frage antwortete: »Ich kann nur sagen klare Kante!«, wenigstens noch mal nachgefragt: »Herr Steinbrück können Sie auch noch was anderes sagen, als ›Klare Kante‹?« Worauf der Steinbrück-Darsteller sagte: »Ich habe doch gesagt, ich kann nur sagen: Klare Kante!«

In der Schule hätte es geheißen: Thema verfehlt. Setzen, Sechs!

Hinterher habe ich zu Muttilein gesagt: Egal wen de wählst, richtige Antworten auf die Fragen die anstehen, kann keiner von beiden geben.

# 14. SEPTEMBER 2013

Muttilein, es ist zur Zeit eine Situation in dem Lande, wie wenn das Kaninchen vor der Schlange hockt. Alles wartet, bis wir am 22. September unsere Stimme abgeben.

Schon alleine die Formulierung: Stimme abgeben.

Das klingt doch wie Mantel abgeben. An der Garderobe. Und ich will dir mal sagen, Muttilein, das hat auch was davon.

Unsere Stimme ist ja so was wie der Mantel, der aller vier Jahre an den Haken der Demokratie gehängt wird, um damit dann wieder alles zu bemänteln, was in den nächsten vier Jahren mit uns angestellt werden soll. Und wenn man uns dann die Hosen runterlässt oder bis auf das letzte Hemd auszieht, können wir uns nicht mal mehr beschweren. Wir müssen sprachlos zusehen, denn wir haben ja unsere Stimme abgegeben. Unseren Mantel, der uns eigentlich wärmen sollte, von dem wir jedes Mal denken, er würde ein Mantel der Geschichte sein, der vielleicht zu einem gerechteren Manteltarif führen könnte. Aber egal ob das Mantelfutter nun schwarz-gelb, rot-grün oder schwarz-rot ist, es kam bisher immer nur ein Mantel des Schweigens heraus, der darüber ausgebreitet wurde, wie sich die einen ihre Manteltaschen vollstopfen, während den anderen von ihrem eigenen Mantel, nur der Gürtel geblieben ist, den sie wieder einmal enger schnallen müssen. Und wie die Säcke, denen wir in den Purpurmantel der Macht geholfen haben, also wie diese Mantelsäcke dann über uns denken, das können wir schon bei Friedrich Schiller nachlesen:

»Dies kleine Volk ist uns ein Stein im Weg –
So oder so – Es muss sich unterwerfen.«

Was sagste, Muttilein? … Das ist toll … Nein, Tell! Im »Wilhelm Tell« hat der Schiller das formuliert, dass wir immer wieder dastehen wie die Mantelpaviane, also uns zum Affen gemacht haben.

Tja, Muttilein, da müssen sie sich auch nicht wundern, dass schon vielen der Mantelkragen geplatzt ist, das heißt, sie geben ihren Mantel gar nicht mehr ab. Also ihre Stimme an der Urne, die ja die Garderobe der Demokratie sein soll.

Garderobe kommt ja übrigens aus dem Französischen von »garder«, zu deutsch aufpassen, und »la robe« – Kleidung. Und wie sehr man auf seinen Mantel aufpassen muss, beschreibt ja schon Otto Reutter in seinem Hauptwerk: »Schau ich weg von dem Fleck, ist der Überzieher weg.« Aber das ist leichter gesagt, als getan, Muttilein.

Ob du nun deinen Mantel in den Schlitz des Kleidercontainers wirfst oder deinen Stimmzettel in den der Urne, du weißt nicht, ob die auch wirklich bei den Bedürftigen ankommen oder nur bei den Lumpen.

## DAS MANDAT

Kennen Sie schon die Geschichte
Von dem Bundestagsmandat,
das erwarb sich der Herr Fichte,
der ein wahrer Demokrat.

Schon seit Jahren fühlte er sich
von der Politik genarrt.
Fichte sprach: »Jetzt reicht's mir aber!
Ich geh selber an den Start!«
Fichte legt im Wahlkampf los,
was er sagte, klang famos:
»Wenn ich hab das Mandat,
geht es vorwärts mit dem Staat,
denn der Staat, sag ich hier,
das sind doch am Ende wir.
Glaubt der nicht, die da spricht:
»Andre Wege gäb es nicht.«
Ich konkret euch beleg –
Wo ein Wille, da ein Weg.

Fichte ging zur Sitzung heiter
in das Parlament hinein,
nahm sich vor ein großer Streiter
für den kleinen Mann zu sein.
»Ich folg nur meinem Gewissen!«,
so verkündet Fichte laut.
Da hat er es gleich verschissen
und sich seinen Start versaut.
Der Fraktionschef arrogant,
sprach zu Fichte süffisant:
»Alles schön – alles gut,
ich bewundre deinen Mut.
Alles gut – alles schön,
so wirst du hier nicht bestehn.
Alle hier, glaube mir,

haben eine Meinung wir.
Meinung steht jedem frei –
wenn sie die von der Partei.«

Hat es Fichte jetzt gefressen,
fragt sich ängstlich die Fraktion?
Kann's Gewissen er vergessen,
denn die Abstimmung naht schon.
Fichte sprach: »Ich bleibe ehrlich!«
Da grinst der Fraktionschef feist.
Fichte merkt – jetzt wird's gefährlich –,
weil ihn sein Gewissen beißt.
Es sprach: »Fichte, wanke nich!
Hör bei allem nur auf mich!«
Fichte horcht in sich rein.
Und spürt starke Seelenpein.
Mein Gespür saget mir:
»Sei dagegen, nicht dafür!«
Stimm ich nein, schein allein
ich auf weiter Flur zu sein.
Stimm ich ja – aber da
gibt's beim Wähler den Eklat.

Auf dem Gang sprach ihn ein Mann an
von der Rüstungsindustrie.
Die, nimmt man nicht das Gesetz an,
ginge krachend in die Knie.
Ob Herr Fichte das denn wolle?
sprach der Wirtschaftsboss geknickt,
die Belegschaft sonst, die volle,

er sofort nach Hause schickt.
»Ohne das Gesetz, bedenkt,
das Geschäft ist eingeschränkt.«
Fichte will an die Luft,
sein Gewissen in ihm ruft:
»Allemal fest wie Stahl
steh zu deinem Ideal!
Achte nicht, was der Wicht
von der Lobby zu dir spricht.
Steh zu denen loyal,
die dir trauten bei der Wahl.«

Doch da sprach der Herr schon weiter,
er hieß Heckler oder Koch,
solche Männer, wie Herrn Fichte
braucht im Aufsichtsrat er noch.
Fichte kämpft nun wie ein Tiger,
was sein Blutdruckwert belegt,
bleibt zunächst erst einmal Sieger.
Sein Gewissen steht im Weg.
Es schien ihm, als ob massiv,
eine Wählerstimme rief:
»Das Mandat, das ich gab,
das ist alles was ich hab.
Und ich gab das Mandat
dir nicht für den Aufsichtsrat.
Es liegt in deiner Hand,
drum benutz es mit Verstand.
Gibst du's weg für den Zweck,
ist mein Wählerwille weg.«

Die Geschichte mit dem Fichte
Sprach sich zum Parteichef rum.
»Ist der Fichte nicht ganz dichte?«
Der Fraktionschef nickte stumm.
»Sofort her mit diesem Wichte!«
Und schon saß, als Querulant,
vorm Parteichef der Herr Fichte,
und ihm wurde blümerant.
Er ward blass und danach rot,
als ihm der Parteichef droht:
»Gehst du rein und stimmst nein,
wirst du bald sehr einsam sein!
Stimmst mit mir du dafür,
hast bestanden du die Kür.
Sagste »nein« wird das kein
gutes Ende mit uns zwein,
weil dir als Hypothek
dein Gewissen steht im Weg.«

Kreidebleich wie 'ne Leich,
denn die Abstimmung ist gleich,
Fichte jetzt schweißbenetzt
schnell in den Plenarsaal wetzt.
Doch wie er grad am Platz,
hört vom Nachbarn er den Satz:
»Abstimmung, so ein Dung,
die läuft heut per Hammelsprung!«
Fichte steht nun im Flur,
wartet auf die Prozedur.
Wer's Gesetz jetzt bejah,

muss durch diese Türe da.
Vor der steht die Fraktion
in geschlossner Formation.
Fichte müsst ganz allein
durch die andre Türe rein.

Springt gehorsam jetzt er
dem Fraktionsbock hinterher,
ist gesichert Salär
und auch seine Karrier'.
Folgt er nicht der Partei,
hält die das für Meuterei.
Folgt er doch ihrem Marsch,
ist beim Wähler er der Arsch.
Fichte wird siedend heiß,
bis zum Steiß rinnt ihm der Schweiß.
Er wankt hin zu der Tür
für »dagegen« nicht »dafür«.
Da merkt er, das sich wer
in den Weg stellt und zwar quer.
's ist der Chef der Fraktion
und er sagt in scharfem Ton:
»Wenn er stur und nicht spur,
ist nach der Legislatur
laut Beschluss für ihn Schluss
und aus der Fraktion er muss.«
»Fichte, bleib resolut!«,
macht ihm sein Gewissen Mut:
»Ich steh fest hinter dir
und hab alles im Visier.«

Fichte wird ganz verwirrt.
Was ist, wenn's Gewissen irrt?
Als sich Fichte noch frug,
ging's schon weiter mit dem Spuk.
Um die Eck winkt ganz keck
eine Hand mit einem Scheck.
An dem Scheck hing der Mann
von der Rüstungslobby dran:
»Dieser Scheck ist kein Gag,
komm schon, Fichte, steck ihn weg.
Ich wünsch mir nur hierfür,
schreite durch die Tür ›Dafür‹.«
»Fichte, fall nicht drauf rein!«,
mischt sich das Gewissen ein.
»Mäuse fängt man mit Speck,
Abgeordnete mit Scheck!«
»Mensch, Gewissen du nervst,
meine Lage du verschärfst.
Hat man dich im Genick,
gibt's 'nen Karriereknick.
Ich hab satt dein Gejaul,
halt jetzt endlich mal dein Maul!«
Das Gewissen es stutzt.
Den Moment nun Fichte nutzt.
Er reißt keck seinen Scheck
aus der Hand der Lobby weg,
schiebt sogleich ihn als Spund
dem Gewissen in den Mund.
Damit's ihn nicht mehr zwickt,
hat er's mit dem Scheck erstickt.

Fichte fühlt sich famos.
Jetzt ist er gewissenlos.
Fröhlich zieht er sich dann
die Fraktionszwangsjacke an.
Er nicht mehr mit sich ringt,
sondern mit den Hammeln springt.
Die Fraktion gratuliert.
Fichte hatte es kapiert:
Ist's Gewissen krepiert –
Politik läuft wie geschmiert.

## 21. SEPTEMBER 2013

Muttilein, einmal werden wir noch wach, dann lässt das Fieber endlich nach. Das Wahlfieber, meine ich. Du kannst doch keinen Fernseher mehr ein-, kein Radio mehr anschalten und keine Zeitung mehr aufblättern, ohne mit irgendeiner Prognose belästigt zu werden. Anstatt dass die uns erst mal in Ruhe wählen lassen, die Demagogen … Was? … Demoskopen heißen die? … Ja gut, Muttilein, du sagst, wie die heißen, ich sage, was dabei herauskommt. Es werden Emotionen und Vorurteile geschürt, damit du sagst: »Ohgottohgott, wenn ich so und so wähle, passiert was Schlimmes!« Anstatt dass die Parteien das machen, was die Wähler wollen, sollen die Wähler das machen, was die Parteien wollen. Wenn der Wähler sagt: »Ich will jetzt mal eine andere Regierung und dazu nehme ich, ich sage mal – Grün«, sagt die CDU: »Wähler, bist denn du hasenwilde? Das sind doch Pädophile!« – »Oh, nee«, sagt sich da der Wähler, »dann lieber nicht!« Rumms, sind die Grünen runter auf acht Prozent. Dann denkt der Wähler: »Och, nehme ich eben mal die LINKEN.« Da sagt die SPD: »Dann kannste deine Stimme gleich in die Tonne kloppen, mit denen gehen wir nicht zusammen.« Nee, nee, Muttilein, die einzige verlässliche Voraussage bei Wahlen ist nicht die Sonntagsfrage, sondern die Wetterlage. Gloobs nur, Muttilein, das war bisher immer so!

»Wenn's am Wahltag stürmt und schifft,
ist das für die Regierung Gift.
Wenn zur Wahl die Sonne lacht,
wird's Kreuzel bei der Regierung gemacht.«

Ich habe das extra mal gegoogelt. 2009 hatten wir im September einen regelrechten Altweibersommer. Folgerichtig wurde die Merkel wiedergewählt. 2005 hatte Schröder die Wahl vorgezogen. Selber schuld.

»Am Himmel hingen dunkle Wölkchen,
drum wählte ihn dann ab sein Völkchen.«

Hätte er mit der Wahl planmäßig bis 2006 gewartet, dann hätte es geheißen:

»Die Sonne sie schien rot und röter
und Kanzler bleibt der Gerhard Schröder.«

Und so kannste die Wahlen zurückverfolgen. 1998 hieß es:

»Wenn's im September stürmt und regnet,
die Kohlernte ist nicht gesegnet.«

Weg war Helmut. Ich sage dir, Muttilein, die Bauernregeln sind präzisier als jedes Umfrageinstitut … Was sagste, Muttilein, die Bauernregel für morgen? … Also, hier steht:

»Im Sonnenschein grunzt froh das Ferkel,
drum heißt die Kanzlerin …«

Äh, tut mir leid Muttilein, weiter kann ich das jetzt nicht vorlesen, denn die Wahl ist ja frei und vor allem geheim.

## 28. SEPTEMBER 2013

Muttilein, man kann mit Fug und Recht sagen, die Merkel hat die Wahl aus der hohlen Hand gewonnen. Oder, wie der Franzose sagt, aus der Lamäng heraus.

Das kannte sie noch aus der DDR: Meine Hand für mein Produkt. Und das Produkt ist sie ja selber. Die CDU brauchte doch bloß die Hände ihrer Kandidatin auf die Wahlplakate zu drucken und jeder wusste: Das ist Änschie … Was sagste? … Warum das die SPD nicht auch gemacht hat? Was sollte die denn bei Steinbrück nehmen? Den Stinkefinger? Oder vielleicht Daumen und Zeigefinger beim Zählen seiner Vortragshonorare? Nee, nee, Muttilein, das hätten viele als *peer*vers empfunden.

Wobei, was uns die Änschie da immer zeigt, ist ja auch

nicht ohne. Die Raute ist ja in der Zeichensprache das Symbol für das weibliche Geschlechtsorgan.

Aber vielleicht ist das gerade die Botschaft. Wer will mal mit mir kopulie… koalieren? Naja, Muttilein, in der Politik macht's doch jeder mal mit jedem. Wie im Puff. Und ich bin die Mutti. Eure Puffmut… also, eure Pufferzone. An mir kommt keiner vorbei. Jedenfalls sind die rautelnden Hände von unserem Rautendelein inzwischen so berühmt wie die »Betenden Hände« von Albrecht Dürer. Es soll ja sogar schon erste Überlegungen geben, sie zum neuen Staatswappen zu machen. Ein Gedicht über sie gibt es ja schon … Seit wann? Seit heute, Muttilein. Von Tucholskys der Kurt, der hat doch 1929 schon mal was über »Mutterns Hände« geschrieben. Ich habe das mal bissel aktualisiert:

Muttis Raute

Hast den Kohl kleinjeschnitten
un den März abjekocht.
Stoiber nach Brüssel rübajeschohm –
den Dalai Lama geherzt,
es mit Griechen verscherzt.
Alles mit deine Raute.

Hast den Euro geputzt,
die Atomkraft gestutzt,
Sparpakete ausjetragen.
Rettungsschirme kreiert,
Ackermann Schnittchen jeschmiert …
Alles mit deine Raute.

Hast nu bei der Wahl,
wat sich nennt liberal,
ennen Katzenkopp jejeben.
Hast se kleenjemacht,
auf vier-Komma-acht,
de Jelben sin nich mehr am Leben …
Alles mit deine Raute.

Alle stehn nu un stiern,
doch zum Koaliern
hat keener die Traute.
Se wissen jenau,
det wär für sie der Gau.
Sie verschwinden in deiner Raute.

## 5. OKTOBER 2013

So, Muttilein, jetzt ist mal nicht Stuttgart 21 in den Schlagzeilen, sondern Stuttgart 23. Dreiundzwanzig Jahre deutsche Einheit. Deshalb gab es vorgestern in Stuttgart Ringelpiez mit Anfassen. Ich jedenfalls habe mir an den Kopp gefasst, als ich die Rede von Gauck gehört habe. Angeblich soll der ja überfordert sein, habe ich gelesen. Aber mir scheint, er ist eher unterbelichtet. »Deutschland ist keine Insel«, hat er gesagt … Was sagste, Muttilein? … Das weiß jeder aus dem Erdkundeunterricht … Ja, eben Muttilein. Aber das war ja auch bloß der dünne Anfang. Das dicke Ende kommt ja noch, als er sagte: »Wir sollten uns nicht der Illusion hingeben, wir könnten verschont bleiben von den politischen und ökonomischen, von den ökologischen und militärischen Konflikten, wenn wir uns an deren Lösung nicht beteiligen.«

Ich übersetze das mal aus dem Politikersprech in Fraktur: Das heißt nichts anderes als Krieg. Wenn wir nicht mitballern, haben wir keine Rohstoffe, also ökonomische Probleme; und wir haben in der Welt nichts zu sagen, also politische Probleme. »Ich mag mir nicht vorstellen«, sagt Gauck, »dass Deutschland sich klein macht.«

Nein, wir sind eine Großmacht. Muttilein, ich gloobe, der Gauck hat seine Rede bei Reichskanzler Bernhard von Bülow abgeschrieben. Der verlangte 1897 auch »unseren Platz an der Sonne«. Von wegen! In den Mond hamse dann alle geguckt. Überall Krater. Von Verdun bis Tannenberg. So gesehen, Muttilein, ist es heute wie 1913.

Gloobs nur! Das ist mir schon in den letzten Jahren aufgefallen.

2012 war wie 1912 … Inwiefern?… Na, 1912 ist die »Titanic« untergegangen. 2012 die »Costa Concordia«.

1911 war der Wettlauf von Scott und Amundsen zum Südpol.

2011 liefen Markus Lanz und Joey Kelly mit den Österreichern Meier und Walek um die Wette zum Südpol.

1913 musste die SPD Abschied von August Bebel nehmen.

2013 verabschiedete sich Peer Steinbrück. Aus allen Ämtern.

1913 begann die intensive Erprobung von Luftschiffen für militärische Zwecke.

2013 experimentiert Deutschland mit Drohnen.

1913 wird der Bayrische König Otto für bekloppt erklärt und abgesetzt.

Gut, so weit sind wir mit Horst Seehofer noch nicht. Obwohl er mit seiner Pkw-Maut für Ausländer ähnliche Symptome zeigt. Aber dafür predigt der selbst ernannte Bürgerrechtler Gauck statt »Schwerter zu Pflugscharen« jetzt »Schwerter zum Flughafen.«

Und nun ist es nicht mehr weit bis 2014.

1914 sprach Kaiser Wilhelm zum Kriegsbeginn vom Balkon des Berliner Schlosses die Worte: »Ich kenne keine Parteien mehr, nur noch Deutsche.«

Ich weiß zwar noch nicht, wer diese Worte 2014 sprechen wird, da sich die Regierungsbildung noch hinzieht. Aber das Schloss wird dafür schon wieder aufgebaut.

## 12. OKTOBER 2013

Muttilein, fehlt dir was? … Nee, ich meine nicht, ob dir was weh tut. Ich meine, ob du was vermisst. Zum Beispiel, dass wir immer noch keine neue Bundesregierung haben. Wie das jetzt aussieht, sieht das doch so aus, dass es danach aussieht, dass wir jetzt drei Jahre Koalitionsverhandlungen haben. Und dann geht der Wahlkampf los für die Wahl 2017. Ich meine, schlimm wäre das nicht. Dass es auch ohne Regierung geht, haben doch die Belgier bewiesen. Nach der Wahl 2010 hatten die 541 Tage keine Regierung. Und es ging auch. Die Straßen waren gefegt, der Müll wurde abgeholt … Was sagste, Muttilein? … Ich kann Deutschland nicht mit Belgien vergleichen … Na, Moment!

In Belgien dauerte die Regierungsbildung so lange, weil sich die Sprachgruppen der Flamen und Wallonen nicht einigen konnten.

Bei uns will auch die Sprachgruppe der Bayern etwas anderes als der deutschsprechende Rest des Landes. Der Seehofer redet immer noch von seiner Autobahn-Maut für Ausländer. Obwohl der klar denkende Rest sagt, dass das gar nicht geht, weil das gegen das europäische Recht verstoßen würde, wenn bloß Ausländer blechen müssen. Oder nimm die Fahne, Muttilein!

Die Belgier haben, genau wie wir, auch die Farben Schwarz-Rot-Gelb.

Gut, bei den Belgiern ist das Gelbe noch da, wo es hingehört. In der Mitte. Bei uns sind die Gelben ganz unten. Wennde verstehst, was ich meine.

Dafür ist jetzt die SPD in der Mitte. In der Mitte zwischen zwei Stühlen. Nämlich dem Regierungsstuhl und dem Beichtstuhl.

Na, Muttilein, wenn die SPD nämlich auf den Regierungsstuhl will, muss sie vorher in den Beichtstuhl, um ihren Wählern zu beichten, dass sie ihre Wahlversprechen nicht einhalten kann. Geht sie aber nicht in den Beichtstuhl, kommt sie auch nicht auf den Regierungsstuhl. Mit anderen Worten: Regierungsbildung ist in jedem Fall ein Stuhlgang. Ein politischer. Und ein solcher ist mit Ausscheidungen verbunden.

Ja, Muttilein, bestimmte Wahlversprechen scheiden aus. Mindestlohn, Mietpreisstopp …

Und weil solche Ausscheidungen anrüchig sind, finden die Sitzungen auch nicht in aller Öffentlichkeit statt, sondern in einem »Stillen Örtchen«. Wobei dann doch jeder Pups an die Öffentlichkeit gelangt, weil einige Sitzungsteilnehmer unter oraler Diarrhö leiden. Sie können ihren Mund nicht halten. Einer hat ja ausgeplaudert, dass die SPD das Finanzministerium haben wolle. Das wurde aber sofort als Latrinenparole dementiert. Noch gibt sich die SPD nämlich hartleibig. Damit sie zu Stuhle kommt, verlangt sie noch ein paar Zäpfchen. In der Politik heißen die Ministerposten.

## 19. OKTOBER 2013

Tja, Muttilein, was gibt's in dieser Woche zu sagen?

Vater Staat ist immer noch auf der Suche nach einer neuen Mutter Regierung.

Die bucklige Verwandtschaft in Gestalt der Parteien ist total zerstritten und kann sich bisher auf keine Braut einigen. Und immer wenn die Erwachsenen nicht klarkommen, müssen wieder die Kinder herhalten. Die Landeskinder. Für Vergleiche wie: Wer kann am schnellsten rechnen, wer am schönsten schreiben und so.

Und da sind se nu auch wieder alle völlig durcheinander, weil dabei herausgekommen ist, das die Ossis besser rechnen können als die Wessis. Also, mich wundert das nicht, Muttilein. Da brauchste doch nur mal bei Darwin nachzulesen. Der hat ja herausgefunden … Nee, Muttilein, nicht bloß dass wir alle vom Affen abstammen. Der hat auch nachgewiesen: »Survival of the fittest« … Was das heißt? … Oh, entschuldige Muttilein, ich hatte jetzt ganz vergessen, dass in den Fremdsprachen die Wessis besser sind. »Survival of the fittest« heißt, dass in der Entwicklung immer nur die angepasstesten Wesen überleben. Und das wurde uns ja immer wieder bescheinigt, dass wir im Osten 40 Jahre lang angepasste Wesen waren.

Zum Überleben war bei uns das Rechen-Gen optimal ausgebildet. Das haben wir ja auch ständig trainiert. Andauernd mussten wir Rechenschaftsberichte schreiben.

In der DDR mussten wir mit allem rechnen. Wenn du aus dem Haus gegangen bist, musstest du damit rechnen, dass es plötzlich in der HO was gibt, womit du eigentlich gar nicht gerechnet hattest. Darum hatten wir ja auch immer, berechnend wie wir waren, vorsichtshalber unsere Dederonbeutel dabei. Was uns dann später die Bezeichnung »Beuteldeutsche« einbrachte.

Auch das Rechnen mit mehreren Unbekannten war uns geläufig.

Wenn du mal was gesagt hast, was aus dem Rechen-System fiel, musstest du damit rechnen, dass mehrere Unbekannte kamen, die dich abholten und zur Rechenschaft zogen. Und so waren selbst die verschlüsseltsten Textaufgaben für den Ossi kein Problem. Zum Beispiel: Frau A ist 80 Jahre alt, ihre Trabi-Anmeldung elf Jahre. Herr B ist 35 Jahre alt, seine Trabi-Anmeldung aber nur sechs Monate. Dafür besitzt Herr B aber 100 »Blaue Fliesen«. Wie viele davon müsste Herr B bei Frau A »verlegen«, um in einem Jahr Trabi fahren zu können?

Tja, Muttilein, wir haben eben als Rechenart vierzig Jahre lang nicht nur die Teilung geübt, sondern wir konnten auch eins und eins zusammenzählen. An unseren zehn Fingern.

Jedenfalls so lange, bis die dann ersetzt wurden durch eine Hand. Die Treuhand. Und die lehrte uns dann die nächste Grundrechenart: Das Wegnehmen.

## 26. OKTOBER 2013

Also, Muttilein, im Moment haben wir ja bombige Zeiten.

Draußen haben wir ein Bombenwetter.

Die Wirtschaft macht Bombengeschäfte.

In Magdeburg wurde eine Bombe entschärft.

Dafür schlug in Berlin die Nachricht ein, wie eine Bombe, dass Angela Merkels Handy von Obama abgehört wurde. Also, von seinen Leuten.

Änschie hat sich sofort beschwert. Und Obama hat sie sofort beruhigt, dass er ja so was sei, wie ihr großer Bruder. Big Brother. Und was das bedeutet, konnte man kürzlich wieder auf SAT.1 sehen. Wenn Prominente belauscht werden, heißt das nicht Abhörskandal, sondern einfach Promi-Big Brother.

Jedenfalls herrscht Bombenstimmung im Land. Besonders unter den Karnevalisten.

Der deutsche Karneval soll Weltkulturerbe werden. Der Antrag wurde von der Vereinigung »Mittelrheinischer Karneval« gestellt. Nach dem Kölner Dom sollen nun auch noch die Kölner Jecken in die Kulturerbeliste aufgenommen werden. Neben Beethovens 9. Sinfonie auch der »Narrhalla-Marsch«. Neben dem »Nibelungen-« auch noch das »Aschermittwochlied« … Wie das geht? …

»Am Aschermittwoch ist alles vorbei. ..« Ach so, du meinst, wie die das begründen?

Im Antrag heißt es wörtlich: »Die Fastnacht hat tiefe historische Wurzeln, deren Bräuche schützenswert sind … wie das Maskentragen, die Umzüge, der Sitzungskarneval mit Elferrat und Co.« … Was sagste, Muttilein? … Mit der Begründung könnten die auch den Deutschen Bundestag in das Weltkulturerbe aufnehmen … Das stimmt!

Der ist ja auch so eine Art Sitzungskarneval mit Elferrat und Umzügen. Bloß, dass der Elferrat Präsidium heißt, und die Umzüge Hammelsprung. Und sie haben dabei keine bunten Bommeln am Hütchen.

Ach nee, die Bommel heißt ja in der Fachsprache Troddel. Mit weichem »D« in der Midde. Mit hartem »T« wär es ja ein Trottel.

Der Unterschied ist ganz wichtig, Muttilein. Schon um die Karnevalisten unterscheiden zu können von – nein, Muttilein, nicht von den Politikern. Von den Bischöfen, meinte ich. Ein buntes Hütchen haben die ja schließlich beide auf. Aber die Karnevalisten haben die Troddel am Hut. Bei den Bischöfen sind die Trottel unterm Hut.

Nimm doch nur den von Limburg. Was der Limburger unter den Käsen ist, das ist der Tebartz-van Elst unter den Bischöfen. Er stinkt zum Himmel. Und aus dem hat der Papst offensichtlich ein Zeichen gekriegt, dass er die Stinkbombe entschärfen soll.

Hat er ja auch gemacht. Der Bischof darf sich zwar noch Limburger nennen, muss aber, bildlich gesprochen, unter die Käseglocke – also, er soll in ein Kloster ziehen …

Wie sind wir denn jetzt auf den Käse gekommen? Ach so, wegen der Troddel an der Narrenkappe … Was sagste, Muttilein? … Wenn das größte organisierte öffentliche Besäufnis an Rhein, Main und Mosel zum Weltkulturerbe erklärt wird, was dann als Nächstes auf die Liste kommt? …

Wahrscheinlich der Ballermann. Tätäää!-Tätäää!-Tätäää!

## 2. NOVEMBER 2013

Muttilein, nun sind schon sechs Wochen vergangen und wir haben immer noch keine neue Regierung.

Nicht, dass dadurch irgendwas anders wäre als sonst. Die Änschi regiert bloß im Moment die Bundesrepublik Deutschland nicht als Kanzlerin, sondern sie leitet als Geschäftsführerin die Deutschland-GmbH. Eine Gesellschaft mit beschränkter Hoffnung. Da aber Geschäftsführerin weniger ist als Kanzlerin, ist Änschie bei der Liste der mächtigsten Männer der Welt auf den fünften Platz gerutscht … Was sagste, Muttilein? … Bei den Männern kann man sie auch nicht einstufen … Das möchte sie aber gern. Deshalb zieht sie ja auch immer Hosen an. Aber das hilft auch nichts.

Auf dem Platz vor ihr ist nämlich der Papst. Obwohl der immer in Kleidern rumläuft … Also, an Äußerlichkeiten liegt das nicht, sondern an ihren potentiellen Taten. Deshalb heißen mächtige Menschen auch Potentaten. Und da ist eindeutig Putin der Mächtigste. Da kann selbst Obama nicht mithalten.

Putin ging mit Tigern, Hechten und Bären durch die Medien. Obama nur mit Wanzen.

Und Angela Merkel?

Statt einen Tiger zur Strecke zu bringen, hat sie nur die FDP erlegt. Und das war auch mehr Selbstmord.

Anstatt mit einem Braunbären zu ringen, wie Putin, ringt Änschie höchstens mit Sigmar Gabriel. Der geht aber höchstens als Koala durch. Deshalb nennt man das Geringe ja auch Koalalitionsverhandlungen.

Während Putin einen Seehecht an Land gezogen hat, lässt sich die Merkeln von einem Seehofer über den Tisch ziehen. Ich sage bloß Autobahnmaut.

Erst hat sie gesagt: »Mit mir wird es keine Maut geben.« Und jetzt? Jetzt hat sogar Brüssel dafür grünes Licht gegeben …

Was sagste, Muttilein? … Nur unter der Bedingung, dass Bürger aus anderen Ländern nicht benachteiligt werden. Eben. Weißt du, was das heißt, Muttilein? Wir müssen alle Maut zahlen! Gloob's nur! Die BRD besteht doch aus 16 Ländern. Und wenn wir jetzt als Sachsen-Anhalter durch ein anderes Land fahren, sagen wir mal Thüringen, da müssen wir dort Maut bezahlen. Und die Thüringer zahlen dann, wenn sie bei uns durchfahren. Verstehste!? Ein Hesse gilt dann in Bayern genauso als Ausländer wie ein Pole in Sachsen. Da ist keiner mehr benachteiligt … Was? … Nee, das scheitert nicht an der SPD. Die stimmt zu, weil ihre Forderung von 8,50 € auch berücksichtigt wird. Allerdings nicht mehr als Mindestlohn, sondern als Mindestmaut pro Kilometer.

Nicht umsonst stand doch in der Zeitung, dass die Stimmung zwischen den Verhandlungsdelegationen heiter war. Ich zitiere: »Es gab Gelächter«. Und jetzt weeßte ooch, über wen die gelacht haben. Über uns.

## 9. NOVEMBER 2013

Muttilein, die Deutsche Post hat jetzt einen Glücksatlas herausgegeben. Da steht drin, wo die glücklichsten Menschen leben. Also, in Sachsen-Anhalt nicht.

Wir sind nur Vorletzte geworden. Obwohl das auch schon wieder ein Glück ist.

Na ja, Muttilein, wir hätten ja auch Letzte werden können. Das Pech hatten aber die Brandenburger.

Und wenn man kein Pech hat, ist das schon wieder Glück. Um Glück zu haben, hängen sich ja Leute z.B. Hufeisen über die Tür … Warum? … Tja, Muttilein, irgendwer hatte sich mal so ein Ding über die Türe gehängt. Mit der Zeit ist das aber locker geworden; und eines Tages ist es ihm auf den Kopf gefallen. Da hat seine Frau gesagt: »Na, da haste aber Glück gehabt, dass das Pferd nicht mehr dran war.« Seither gilt das Hufeisen als Glückssymbol.

Glück und Unglück liegen dicht beieinander. Gugge mal, wenn de auf der Straße stolperst und auf die Gusche fällst, ist das ein Unglück. Wenn dabei aber genau vor deiner Nase 100 € liegen, die du sonst übersehen hättest, ist das doch ein Glück. Oder anderes Beispiel, weil wir heute gerade den 9. November haben. Als wir vor 24 Jahren die Mauer umgeschubbt haben, war das ein Glück, weil wir dadurch jetzt freie Wahlen haben. Wennde dann aber so wählst, wie de gewählt hast, ist das ein Unglück … Wieso? … Weil dir der Seehofer die 100 €, die du gefunden hast, wieder wegnehmen will für seine Maut. Das ist ja auch der Grund, warum die Brandenburger die Unglücklichsten sind.

In Brandenburg liegt Berlin, und da sitzt die Regierung. Und in der Regierung sitzt die unglücklichste Bürgerin des Landes überhaupt. Angela Merkel. Weil ihr Handy von der amerikanischen und der englischen Botschaft abgehört wird. Aber genau das ist doch das Wesen einer Botschaft: Von einem Absender, in diesem Falle Änschie, wird eine Nachricht empfangen. Deshalb spricht man ja auch von Botschaftsempfang. Und der Empfang scheint gut zu sein. Dadurch sind ja schon die intimsten Informationen zu Obama gelangt. Zum Beispiel, dass Änschies Mann sauer ist … Nein, Muttilein, dass der so heißt, wusste Obama schon, aber nicht, dass er sich beschwert hat, weil Änschie ihm immer zu wenig Streusel auf den Kuchen macht.

Seitdem heißt Änschie im »Weißen Haus« nur noch »Krümelmonster.«

Die Amis lernen ja beim Abhören viel von uns. Zum Beispiel, dass man im Deutschen für »Glück« auch »Schwein« sagen kann. Und so soll ein NSA-Mitarbeiter auf die Frage seines Chefs, ob er denn auch schon mal den

Gabriel abhören konnte, gesagt haben: »Nein, das Schwein hatte ich noch nicht«.

Das machte den Sigmar so glücklich, dass dadurch seine Heimat Niedersachsen im Glücksatlas ganz vorn steht.

## 16. NOVEMBER 2013

Muttilein, das ist wieder typisch: Wenn eine Partei gewählt ist, ist sie hinterher zu nichts fähig. Sobald sie aber nicht gewählt wird, ist sie zu allem fähig. Die FDP meine ich. Wenn sie schon nicht in den Bundestag gekommen ist, kommt sie jetzt wenigstens ins Gerede. Durch die »Jungen Liberalen«. Die JuLis haben jetzt im November einen Antrag eingereicht, dass in Deutschland das Schlachtverbot für Hunde und Katzen aufgehoben werden soll. Als wäre nicht schon der Antrag an sich peinlich, nee, da kommt der auch noch aus Sachsen-Anhalt.

Hunde und Katzen sollen also in Zukunft nicht mehr auf unsere Straßen, sondern auf unsere Teller. Sachsen-Anhalt ist immer gut für gastronomische Innovationen.

Na, Muttilein, nimm doch bloß mal dieses neue Landesgaststättengesetz, das 2014 inkrafttreten soll. Danach soll künftig in Vereinshäusern bei Veranstaltungen Bier nur gegen Vorlage des Vereinsausweises ausgeschenkt werden dürfen … Was sagste? … Wer das kontrollieren soll? … Na, die Gemeinde. Die kann bei jeder Veranstaltung Mitgliederlisten verlangen, um den Ausschank zu kontrollieren.

Muttilein, weeßte, was das heißt? Wenn ich jetzt mit Kurt'n zum Fußball gehe, dann darf der hinterher, weil er ja Vereinsmitglied ist, im Vereinslokal ein Bier trinken; und ich muss an den Wasserhahn. Da wird doch der Hund in der Pfanne verrückt, den die »Jungen Liberalen« jetzt da rein haben wollen. Weil, sagen die, das Schlachtverbot in Deutschland stelle eine Diskriminierung anderer Kulturen dar, in denen Hund und Katze als Delikatesse gegessen werden.

So gesehen müssten wir in Zukunft auch Heuschrecken, Mehlwürmer und marinierte Maden essen … Was heißt hier äks? … Muttilein, wenn nicht jede Gaststätte in Zukunft eine Filiale des »Dschungelcamps« wird, diskriminieren wir doch damit die Kultur der Aborigines.

Außerdem, ich weiß gar nicht, was die JuLis wollen? Hund und Katze stehen doch bei uns schon lange auf dem Speiseplan. In der Bäckerei gibt es »Kalter Hund«. In der Kaufhalle gibt es »Katzenzungen« und im Theater gibt es »Kater Lampe« … War jetzt ein Scherz, Muttilein, aber solche Vorschläge kannste doch nicht ernst nehmen.

Oder nee, andersrum, solche Vorschläge zeigen, wie ernst es um eine Partei stehen muss, deren Nachwuchs sich ohne Not für solch ein abseitiges Thema zum Klappser macht. Das Einzige was die JuLis damit erreicht haben ist, dass man FDP jetzt nicht mehr übersetzt mit Fast Drei Prozent, sondern mit Friss Den Pinscher.

Und außerdem, Muttilein, Katzen schlachten zu wollen, ist zudem noch ein persönlicher Angriff auf Horst Seehofer. Der ist nämlich ein großer Liebhaber von allem, was Maut.

## 23. NOVEMBER 2013

Muttilein, du kannst abräumen. Mir steht das noch vorm Magen. Nee, nicht das Frühstück. Das mit dem Dieter Hildebrandt. Na, dass der am Mittwoch diese Welt verlassen hat. Was Schlimmeres konnte es in dieser Woche gar nicht geben. Bloß, wie sagste da was dazu. Das ist schon so, wie es der Heine seinerzeit beschrieben hat.

Deutschland – Ein Wintermärchen

Im traurigen Monat November war's,
die Tage wurden trüber,
da macht in der Nacht zum Zwanzigsten
der Dieter ins Jenseits hinüber.

Und als ich diese Nachricht vernahm,
da fühlt ich ein stärkeres Klopfen
in meiner Brust, ich glaube sogar,
die Augen begannen zu tropfen.

Wo immer man Deine Sprache vernahm,
die Tränen rannen vor Lachen,
wenn Du diese Welt messerscharf seziert,
und ließest Pointen krachen.

Nun sind es traurige Tränen, die rolln,
weil uns fehlt Deines Geistes Skalpell.
Nur die Ochsen und Esel die feixen sich eins,
weil Du fehlst, um zu gerben ihr Fell.

Horst Seehofer von der CSU,
der nennt Dich jetzt plötzlich »Ikone«.
Einst wollt die Partei Dir das Maul zunähn.
Drum klingt es wie Hohn, zweifelsohne.

Sigmar Gabriel von der SPD,
der säuselt dem Volk in die Ohren:
Mit Dir nun hätte seine Partei den
»charmantesten Kritiker« verloren.

»Charmantester Kritiker« – das allein
passt vom Rhythmus her nicht in die Dichtung.
Charmant kann auch ein Markus Lanz wohl sein.
Bei Dir war Kritik stets die Wichtung.

Doch die SPD hat noch nie kapiert,
heftet man ihr Kritik an die Backe,
dass bei ihr der soziale Bebelsche Code,
nur noch revisionistische Kacke.

Ein neues Lied, ein bessres Lied
wolltest Du den Genossen dichten.
Doch stößt so was nur auf taube Ohrn
bei koalierungssüchtigen Wichten.

Als Du der Nation noch die Scheibe gewischt,
da wurde gedacht, auch geblödelt.
Doch seit Du den Bildschirm verlassen hast,
wird die Sendezeit Nuhr noch vertrödelt.

Du folgtest auf Heine, Tucholsky und Finck.
So wertvoll ist, was du uns gabst.
Du warst uns Kabarettisten das,
was für die Christen der Papst.

Doch wenn es wirklich stimmen sollt
und ist nicht erfundener Fimmel,
dass der Papst Gottes Stelle auf Erden vertritt,
vertrittst du uns künftig im Himmel.

Und so habe ich gleich als ersten Wunsch,
dem letzten Gruß misch ich ihn unter:
Von dem Hirn, das Du mit nach oben nahmst,
wirf uns ab und zu etwas herunter.

## 30. NOVEMBER 2013

Muttilein, in dieser Woche wurde die Welt um 317 Seiten Papier reicher.

Zweihundert davon stammen vom Papst und nennen sich »Freude am Glauben«.

Die restlichen 117 Seiten stammen von Merkel, Gabriel und Seehofer und nennen sich »Koalitionsvertrag.« Und nachdem sie den gelesen haben, ist bei vielen der »Glaube an die Freude« eines Politikwechsels da, wo auch der Papst zu Fuß hin muss.

Während das Papier des Papstes eindeutig die Handschrift von Franziskus trägt, behauptet beim Koalitionsvertrag jeder von den Dreien, dass die Vereinbarungen seine Handschrift trügen. Trügen, das ist dann auch das einzige wahre Wort an dem Satz. Denn der Vertrag trügt!

Nimm doch bloß mal die abschlagfreie Rente mit 63 Jahren nach 45 Beitragsjahren. Muttilein, wer hat denn heute, wenn er 63 Jahre ist, 45 Beitragsjahre? Da müsste er ja seit dem 18. Lebensjahr ohne Unterbrechung gearbeitet haben. Das kann schon mal nicht die Handschrift der SPD tragen.

Oder der Mindestlohn von 8,50 € kommt erst 2015 mit vielen Ausnahmen.

Und flächendeckend erst 2017.

Aber nur, wenn bis dahin nicht andere Tarife ausgehandelt worden sind, die dann wieder zwei Jahre länger gültig sind. Und außerdem, was sind denn 2017 die 8,50 € noch wert? Bei den ständig steigenden Preisen?

Also, Muttilein, da muss aber den Gabriel jemand auf seinen Stuhl gefesselt und die Hand bei der Unterschrift geführt haben. Ich weiß auch wer. Die Machtgeilheit.

Die ganzen Versprechen der SPD sind doch im Papierkorb gelandet. Bürgerversicherung – knüll, weg. Keine Maut – knüll, weg. Kein Betreuungsgeld – knüll, weg. Steuererhöhung für Millionäre – knüll, weg.

Dafür pumpte sich aber Seehofer auf der Pressekonferenz auf wie ein Frosch und quakte, dass seine Wahlversprechen alle im Vertrag stehen. Maut, Betreuungsgeld, alles drin. Aber Gabriel spricht von Verhandlungen auf Augenhöhe.

Wahrscheinlich auf Hühneraugenhöhe … Was sagste, Muttilein? … Der Gabriel soll erst mal seinen Mitgliederentscheid abwarten … Nein, das macht er nicht. Er hat ja seine Genossen schon entmündigt und auf der Pressekonferenz gesagt, dass er sich sicher ist, dass die Basis zustimmt.

Offenbar gilt jetzt auch in der SPD: »Die Partei, die Partei, die hat immer recht.« Deshalb fühlt sie sich reif, 2017 mit den Linken zu koalieren.

Wennse sich da mal nicht verrechnet hat.

Na, gugge mal, Muttilein, wenn der Papst in seinem Manifest von der »Tyrannei des vergötterten Marktes« spricht und den Kapitalismus als ungerecht kritisiert, dann stimmt das doch mit dem Wahlprogramm der Linken überein. Da wird die 2017 eher mit dem Vatikan koalieren.

Dann ist der Papst nicht mehr nur der Stellvertreter Gottes, sondern auch der von Gysi.

## 7. DEZEMBER 2013

Muttilein, alle reden ja in dieser Woche bloß noch von dem Orkan, der über das Land hinweggefegt ist. … Was sagste, Muttilein? … Wie so ein Sturm überhaupt zustande kommt? …

Ich habe das mal gegoogelt, und da habe ich gelesen, dass ein Orkan dann entsteht, wenn die Temperaturunterschiede zwischen den Subtropen und den Polargebieten zu groß werden. Das musste dir so vorstellen wie bei der SPD.

Da ist der Gabriel sozusagen das Polargebiet. Also, eiskalt will der an die Macht.

Und deshalb geht es jetzt an der Basis subtropisch zu. Also, heiß her.

Deshalb behaupten ja auch schon böse Zungen, der Sturm wäre das Fracksausen von Sigmar Gabriel vor dem Mitgliederentscheid gewesen. Die Fakten sprechen alle dafür. Wo war denn der Orkan am stärksten? In Niedersachsen! Und wo wohnt Gabriel? In Niedersachsen!

Auch das Datum spricht dafür. Mitgliederentscheid über den Koalitionsvertrag und Fracksaus… äh, Orkantief begannen zur gleichen Zeit. Und die Unwetterwarnung kann verlängert werden, sagt der Wetterdienst. Ich vermute bis zum 14. Dezember.

Dann steht fest, was er angerichtet hat … Nein, Muttilein, nicht der Orkan, der Mitgliederentscheid. Da entscheidet sich sozusagen unser Weihnachtsprogramm. Also, ob im Fernsehen dann »Änschie – Wechseljahre einer Kaiserin« läuft, mit Sigmar Gabriel als Karlheinz Böhm, oder ob nur »Vom Winde verweht« gezeigt wird. Mit Sigmar Gabriel in einer Nebenrolle … Oppositionsrolle.

Besonders die Jusos wären für die letztere Variante. Um das Abstimmungsergebnis zu manipulie… kalkulieren, legt Gabriel in die Briefe mit den Abstimmungsunterlagen auch vorsichtshalber noch einen Beipackzettel hinein, auf dem er empfiehlt, unbedingt mit »Ja« zu stimmen.

So wie bei uns früher: »Wählt die Kandidaten der Nationalen Front«.

Aber da standen wenigstens noch die Namen dabei. Die SPD-Mitglieder sollen ja abstimmen, ohne dass sie wissen, wen ihnen der Gabriel dann als Kaninchen aus dem … äh, als Minister aus dem Hut zaubert.

Das ist so, wie wenn du jetzt einen Kaufvertrag für ein Auto unterschreibst. Welchen Wagentyp du aber bekommst, sagt dir der Verkäufer erst hinterher. Und nachdem Horst Seehofer dem ZDF unter dem Motto »Wehe, wenn sie Demokratie wagen!« weitere Nachfragen zum Mitgliederentscheid der SPD untersagt hat, sollen bereits SPD-Mitglieder in ihrer Verzweiflung unter dem Motto »Mehr Telefonie wagen« beim Sender Jerewan angerufen haben: »Wenn ich ›ja‹ zum Koalitionsvertrag sage, kommt dann der Mindestlohn auch wirklich? Antwort: »Im Prinzip ja. Aber nicht gleich, nicht überall und nicht für alle.« Weeßte, Muttilein, bei dem, was hier abgeht, würden Brandt und Bebel in ihren Gräbern rotieren. Das könnte allerdings auch eine Erklärung für den Orkan sein.

## 14. DEZEMBER 2013

Muttilein, ich glaube, der Orkan in der vorigen Woche hat doch mehr Schaden angerichtet, als bisher bekannt war. Zum Beispiel hat der den Weihnachtsbaum des Bundespräsidenten vor dem Schloss Bellevue umgehauen. Und jetzt hat der Gauck nicht mehr alle Nadeln an der Tanne ..., also an seinem Baum.

Ein Baum ist ja eigentlich ein Symbol für Standhaftigkeit und Unbeugsamkeit. Er biegt sich immer in die Richtung, aus welcher der Wind weht. Seit die Mauer weg ist, weht der ja meist von West nach Ost. Und dabei kann es schon mal den stärksten Baum umhauen. »Oh!«, hat da

Gauck gerufen: »Mein Freund, der Baum liegt quer. Da mache ich das auch.« Und schon hatte er sich quergelegt und ließ durch die Wipfel des Blätterwaldes die Mitteilung rauschen: »Ich fahre nicht nach Sotschi zu den Olympischen Winterspielen!« … Was sagste, Muttilein? … In welcher Disziplin Gauck da antreten wollte? … Wahrscheinlich im Dreierbob mit Ehefrau … Nee, Muttilein, das war jetzt ein Witz.

Obwohl, ich meine, Schlittenfahren will der Gauck schon. Mit Putin. Aber nur virtuell und aus der Ferne, weil in Russland Menschenrechte verletzt werden.

Zum Beispiel dürfen Homosexuelle nicht demonstrieren. In Sachsen-Anhalt sind wir da schon einen Schritt weiter. Da dürfen nicht mal Heterosexuelle demonstrieren.

In Eisleben wird nämlich jetzt nach den Teilnehmern an einer Protestdemo gegen die Kürzungen am Theater gefahndet. Ein Stadtrat wurde schon aufgefordert, die Namen der Demonstranten zu nennen. Die sollen dann mit 1500 € bestraft werden. Das Ordnungsamt hat dazu extra »Zeugen-Fragebögen« verschickt:

»Teilen Sie bitte mit, woher Ihnen bekannt war, wann und wo die Versammlung stattfindet. Wer hat zu dieser Versammlung aufgerufen (bitte mit Namen und evtl. Anschrift angeben).«

Die nächste Stufe ist dann, dass die Leute nachts abgeholt werden oder einfach verschwinden, oder wie? … Muttilein, ich erinnere dich nur mal an den Mollath!

Weil der Schwarzgeldgeschäfte in der HypoVereinsbank, einer Bank mit Regierungsbeteiligung, angezeigt hatte, wurde der mit fingierten psychiatrischen Gutachten sieben Jahre in die Klapse gesteckt. Oder an den Mordfall »Peggy«! Da hat die Polizei einen Knastbruder zu einer Falschaussage genötigt, damit er einen geistig Behinderten belastet, den man dann als Täter einsperren kann.

Da kriegt der Gauck kein Wort raus.

So was ist ja nur Unrecht, wenn es in Russland passiert.

Muttilein, wenn der Gauck aber irgendwo nicht hinfährt, wo er gar nicht eingeladen ist, dann ist das kein Protest, sondern nur lächerlich. Denn ob der nun in Sotschi auftaucht oder nicht, das interessiert Putin nämlich genauso, wie wenn vor Schloss Bellevue ein Weihnachtsbaum umfällt.

## 21. DEZEMBER 2013

Muttilein, jetzt ist es offiziell: Angela Merkel hat nicht mehr alle beisammen.

Alle Stimmen meine ich. Als sie jetzt zur Kanzlerin gewählt wurde, da fehlten ihr 42 aus dem eigenen Lager. Oder wie man jetzt sagt: aus der GroKo.

GroKo ist ja das Wort des Jahres 2013 geworden. GroKo! Große Koalition heißt das. Im Prinzip hätten sie das Ding auch Grokodil nennen können, denn im Prinzip ist es doch nur ein Deal zwischen der SPD und der CDU/CSU.

Und die Krokodilstränen werden bald geweint werden. Das wird nicht lange dauern, da ist GroKo nur noch die Abkürzung für das Große Kotzen, wenn sich nämlich bemerkbar macht, dass keins von den Wahlversprechen eingehalten wird … Ja, Muttilein, eins haben sie jetzt eingelöst. Vor Weihnachten wollten sie die neue Regierung zusammen haben. Nu hammer se. Daher kommt ja auch die Formulierung: eine schöne Bescherung. Muttilein, als ich die Truppe da zum ersten Mal im Zusammenhang gesehen habe, da dachte ich weniger an eine Regierung, sondern mehr an die »Muppet-Show«.

Wie hieß es da immer: »Willkommen im Muppet-Labor, wo die Zukunft schon heute vergeigt wird« …, oder so ähnlich.

Ursula von der Leyen als neue Verteidigungsministerin. Da bekommt der Begriff »Mutter der Kompanie« aber eine ganz neue Bedeutung.

Oder nimm den Friedrich. Gerade wollte der noch als Innenminister alles mithören, was wir am Telefon so reden. Und schwupp, jetzt ist er plötzlich Landwirtschaftsminister. Da kann er nun hören, wie das Gras wächst.

Thomas de Maizière, der gerade wie Gonzo den Stunt mit den Kampfdrohnen in den Sand gesetzt hat, darf sich jetzt im Inneren um die Paketdrohnen kümmern, die Amazon und Deutsche Post einsetzen wollen.

Oder nimm den Super-Siggi! Der tapst wie Fozzie-Bär immer an der Seite von Miss Piggy rum. Da macht der 16 : 9 Fernseher richtig Sinn. Im 4 : 3 Format würdeste die beiden gar nicht auf ein Bild draufkriegen.

Und so wie Fozzie-Bär immer dachte, er wäre ein Komiker, was aber außer ihm keiner bemerkte, so denkt der Super-Siggi, er wäre ein Sozi. Was aber außer ihm auch keiner bemerkt.

Na gugge doch, Muttilein, wenn der Siggi sagt, er wolle dafür sorgen, dass die Energiewende nicht zu Lasten der Wirtschaft gehen wird, dann heißt das doch, dass wir die Lasten tragen dürfen. Das nennt man börsenorientierte Politik. Damit die Konzerne an der Börse unangreifbar bleiben, greift man lieber uns in die Börse.

Statler & Waldorf, die beiden Alten in der »Muppet-Show«, würden das von ihrem Balkon aus so kommentieren: »Gibt es die neue Regierung jetzt auch in 3D?« – »Nein, sie ist genau so eindimensional wie die alte.«

## 28. DEZEMBER 2013

Ja, was denn nun, Muttilein? Irgendwie, müssen se sich doch nu mal einig werden. Wenn man in einer Kirche protestiert, ist das nun Störung der Religionsfreiheit und Hausfriedensbruch oder Kampf für die Menschenrechte? Gugge doch, Muttilein, als »Pussy Riot« in der Kirche gegrölt hat: »Der Patriarch ist scheiße!« und dafür in den Knast musste, wurde das als Kampf für Freiheit und Demokratie interpretiert. Deswegen fährt der Gauck auch nicht zu den Olympischen Spielen nach Sotschi. Aus Protest.

Damit tat er sich jedenfalls brüsten. »Aha«, hat sich da die Josephine Witt gedacht: »Was mit Brüsten kann ich auch« und hat ihre dem Kardinal Meisner gezeigt.

Im Kölner Dom während der Heiligen Messe.

Die Josephine scheint eine sehr gläubige Frau zu sein. Sie geht gern auf Messen.

Auf der Hannover-Messe war sie mit der Nummer

auch schon. Jede Messe wird durch sie zu einer Erotik-Messe. Und damit jeder ihre Message auch richtig wahrnehmen kann, hat sie sich die extra auf ihre Glocken draufgeschrieben: »I am God«.

… Was sagste, Muttilein? Warum in Englisch und nicht in Deutsch? …

Na, für wen war denn die Nachricht bestimmt?

Für die Gemeinde? Nee, die hätte es auf Deutsch besser verstanden.

Für den Kardinal Meisner? Da wäre wiederum Latein angebrachter gewesen.

Also bleibt doch bloß die internationale Presse übrig.

Aufsehen erregen um jeden Preis. Wobei sie sich da mit Köln den denkbar ungceignetsten Ort ausgesucht hatte. Erregend fanden das die wenigsten. Da wäre vielleicht ein Auftritt der »Dreamboys« vorm Altar effektiver gewesen.

Deshalb sagte ja auch Volker Beck von den »Grünen«. Das wäre respektlos gewesen und eine »unnötige Störung des Gottesdienstes«.

Und die paar Heteros haben gedacht: »O nee, wenn schon Tabledance, warum dann ausgerechnet die und nicht Daniela Katzenberger.«

So gesehen fühlten sich alle im Dom Anwesenden irgendwie verletzt.

Darum wurde Frau Witt der Polizei übergeben und Anzeige wegen »Hausfriedensbruch und Störung des Religionsfriedens und Gotteslästerung« erstattet. »Ich denke nicht, dass sie dafür zu hart verurteilt werden sollte«, sagte die Polizeisprecherin … Nee, halt, das war nicht die Polizeisprecherin. Das war Putin 2012 in London zum Verfahren gegen »Pussy Riot«.

Die Polizeisprecherin in Köln sagte zum Verfahren gegen Josephine Mutzenbacher … äh, Witt, dafür könne eine Geldstrafe oder sogar bis drei Jahre Haft drohen.

Und so beschließen wir das Jahr 2013 mit folgender Erkenntnis:

»Protestieren kommt nur gut, wenn man dem Putin schaden tut.«

## 4. JANUAR 2014

Also, das neue Jahr ging ja gleich gut los! Ich weiß gar nicht, was ich gerade gemacht hatte, aber am Neujahrstag rief Muttilein kurz vor halb achte, also abends: »Komm mal schnell!«

»Was is'n los?«, fragte ich, als ich ins Wohnzimmer kam, aber da sah ich schon die Katastrophe. Unser Ministerpräsident war im Fernsehen. »O Gott!«, sagte ich zu Muttilein, »wer ist denn gestorben?«

»Wieso gestorben?«, fragte Muttilein.

»Der Haseloff hält seine Neujahrsansprache.«

Darauf sollte nun einer kommen.

Im Hintergrund hingen drei Fahnen schlaff im Zimmer herum und daneben stand, mit einem Gesicht, gegen das sich das von Buster Keaton wie ein Lachsack ausgenommen hätte, ein Männlein verloren im Bild herum und las, wie mit den toten Augen von London, über vier Minuten lang Fakten von einem Teleprompter ab, die er offensichtlich selbst gar nicht glauben konnte.

Aber da es ja ein fröhliches neues Jahr werden sollte, hatte sich sein Redenschreiber den Gag erlaubt, eine Passage aus dem VIII. Parteitag der SED hineinzuschmuggeln: »Was wir uns leisten wollen, müssen wir uns vorher selbst erarbeiten.« Hasi hat gar nicht gemerkt, dass er sich da voll zum Honni gemacht hat, weil er sich so auf seinen nächsten Satz konzentrierte: »Wir müssen immer stärker auf eigenen Beinen stehen.«

Und dann hat er uns das im Selbstversuch auch noch vorgemacht. Er nahm seinen Arm, mit dem er sich gerade noch auf dem Rednerpult aufgestützt hatte, von diesem herunter, und jetzt stand er völlig daneben. Also neben sich. Ich meine, neben sich hatte er nur noch den Bildschirmrand. Er machte sich endgültig zu einer Randfigur. Dabei hatte er sich auch noch den falschen Rand ausgesucht. Den linken. Da gehörte er ja eigentlich gar nicht hin. Aber am rechten Rand war kein Platz mehr. Da stand schon Horst Seehofer und rief den Bulgaren und Rumänen zu: »Wer betrügt, fliegt!«

Weil für die jetzt die Beschäftigungsgrenze in der EU gefallen ist, fiel bei Horst Seehofer die Schamgrenze. Es wäre aber nicht rassistisch gemeint gewesen, ließ die CSU-Zentrale umgehend verlauten. Horst Seehofer hätte den Arbeitsmigranten nur eine Reiseempfehlung hinsichtlich der Verkehrsmittel geben wollen.

Wer betrügt fliegt! Horst Seehofer z. B. nach Berlin, wenn er seine Ehefrau betrog, oder Uli Hoeneß in die Schweiz, wenn er das Finanzamt betrog. Karl-Theodor von und zu Guttenberg saß auch oft im Flugzeug und hat bei der Doktorarbeit betrogen. Das Verkehrsmittel Flugzeug sollte also weiter der CSU vorbehalten bleiben, denn wer betrügt fliegt. Wer ehrlich ist, sollte lieber mit der Bahn kommen, denn da stellt künftig Ronald Pofalla die Transporte zusammen. In die Arbeitslager … äh, die Lager, in denen die dann arbeiten sollen … als Lagerarbeiter …

Noch besser wäre allerdings, die Rumänen und Bulgaren würden mit ihren Autos kommen. Da könnten sie dann nämlich gleich Seehofers Pkw-Maut zahlen. Denn für Horst Seehofer ist nur ein zahlender Ausländer auch ein guter Ausländer. Na dann, Prost Neujahr!

## 11. JANUAR 2014

Nee, Muttilein, also eine Wintersportnation ist Deutschland nicht mehr. Da ist zur Zeit viel Elend unterwegs. Schumi ist beim Abfahrtslauf auf den Kopf gefallen, Änschie beim Langlauf auf den Arsch … Nee, Arsch darf man ja bei ihr nicht sagen. Sie hat den Pofalla gemacht! Und unsere Skispringer machten sich beim Neujahrsspringen zum Fallobst. Selbst in der Sportart Schießen und Weglaufen musste sich die deutsche Mannschaft wieder geschlagen geben. Wie 1918 und 1945 … Gut, damals hieß das noch nicht Weltcup, sondern Weltkrieg. Aber gewonnen haben wieder die Russen. Da siehste mal, Muttilein, dass Sport und Politik sehr eng zusammenhängen. Bei Änschie wird das ganz deutlich. Sie hat sich beim Hinfallen den Beckenring angebrochen. Nur angebrochen! Und warum? Weil sie ihr Becken durch jahrelanges Aussitzen der Probleme derartig gekräftigt hat, dass es großen Belastungen standhält. Bei jeder anderen hätte es das Ding zerwürscht.

Natürlich wird jetzt gerätselt, wie es überhaupt dazu kommen konnte, dass sich die Änschie in St. Moritz derartig zum Max gemacht hat. Da gibt es unterschiedliche Theorien. Eine sagt, Sigmar Gabriel wäre es gewesen. Er hätte sich an der Loipe hinter einem Baum versteckt, bis die Änschie kam. Dann wäre er hervorgesprungen und hätte »Hu!« gemacht … Warum? … Na, Muttilein, weil er die erste Kabinettssitzung unbedingt selber leiten wollte. Ich glaube allerdings nicht an diese Theorie. Erstens stand Sigmar Gabriel noch nie hinter etwas, sondern immer nur zwischen Baum und Borke, und zweitens gibt es nicht mal im Engadin Bäume, hinter denen sich ein Gabriel hätte verstecken können. Außerdem hätte es ihm gar nichts genutzt, die Änschie zu stürzen. Du hast doch die Bilder gesehen, Muttilein, wie sie gestützt auf zwei Krücken ins Kabinett gehumpelt ist. Das wiederum veranlasste Horst Seehofer zu seiner Äußerung: »Wer aus dem Osten kommt und auf Stütze angewiesen ist, hat bei uns nichts zu suchen.« Deshalb liegt es viel näher, dass es ein Anschlag der CSU gewesen sein könnte. Die ist doch sozusagen die Al-Qaida in der Großen Koalition … Muttilein, Al-Qaida und CSU haben mehr Gemeinsamkeiten, als du denkst. Beide sind eine radikale Minderheit. Bei der einen regiert der Ajatollah, bei der anderen findet sich Seehofer immatollah. Die Al-Qaida sagt: »Allahu Akbar«, die CSU: »Mir san mir.« Die eine hat ihr Trainingslager im wilden Pakistan, die andere im Wildbad Kreuth. Von da kommen dann Bekennerschreiben wie: Strom soll teurer werden, Ausnahmen beim Mindestlohn oder eine Autobahn-Maut. Gegen die Al-Qaida kämpft die Bundeswehr, gegen die CSU wehrt sich der BUND. Aber im Gegensatz zur Bundeswehr ist der BUND erfolgreich. Er hat den Weiterbau der A 14 bereits gestoppt. Und wo keine Autobahn, auch keine Maut, verstehste, Muttilein!? ... Jetzt sind wir vom Thema abgekommen. Den Grund für Änschies Arschbombe hat ja Hubertus Knabe herausgefunden: Sie war mit Brettern der DDR-Marke »Germina« unterwegs. Deshalb gehörten ab sofort alle DDR-Utensilien verboten, fordert Hubertus Knabe. Und da ist er unserer Kanzlerin wirklich einen Schritt voraus. Während sie noch die alten Bretter unter den Füßen hat, hat er bereits neue vorm Kopf.

## 18. JANUAR 2014

So, Muttilein, das kommt davon, wenn Minister von heute auf morgen ein anderes Ressort übernehmen müssen. So schnell kann man gar nicht umdenken.

Ich meine die von der Leyen. Gerade war die noch Arbeits- und Sozialministerin, jetzt ist sie Verteidigungsministerin. Und als Mutter der Kompanie erzählt sie nun überall herum, dass die Bundeswehr familienfreundlicher werden soll.

... Was sagste, Muttilein? ... Das ist schön, wenn die

Bundeswehr in Zukunft nicht mehr mitmacht, wenn irgendwo Hochzeitsgesellschaften bombardiert werden … Ja … nee …, ich glaube so hat sie das nicht gemeint.

Die Bundeswehr soll ein familienfreundlicher Betrieb werden, damit mehr junge Väter und Mütter mitmachen können. Ein Familienbetrieb. Da sind die Soldaten dann eben keine Soldaten mehr, sondern »Werktätige in Uniform«. Nee, Uniform heißt das dann wahrscheinlich auch nicht mehr, sondern »Arbeitsschutzbekleidung«. Und die müssen dann auch nicht mehr zum Kampfeinsatz ins Ausland, sondern »auf Montage«.

Aber wie das in jedem familienfreundlichen Betrieb üblich ist, kann man dann auch Überstunden abbummeln. Wenn der Einsatzbefehl kommt, sagt man einfach zu seinem Kommandeur … äh, Brigadeleiter: »Stell dir vor, es ist Krieg, und ich habe frei.« Natürlich ist auch Teilzeitbeschäftigung möglich. Nur bis 10 Uhr wird zurückgeschossen. Danach steigt der sich auf »Montage« befindende »Werktätige in Arbeitsschutzbekleidung« in ein bereitstehendes Shuttle und fliegt an den heimatlichen Mittagstisch. Dann geht es zu einem Verdauungsspaziergang mit Frau und Kinderwagen auf den zur »Flaniermeile« umgestalteten Exerzierplatz, denn in jeder Kaserne … nee, die heißt ja dann familienfreundlich »Wohnpark mit genormter Möblierung« – jedenfalls ist da auch ein Kindergarten drin. Bei Alarm rennen die jungen Mütter und Väter statt gleich in die Waffenkammer erst einmal in den Kindergarten und bringen ihre Schützlinge in den extra dafür eingerichteten Schützlingsgraben, wo sie von einem OVD betreut werden … Nee, Muttilein, nicht Offizier vom Dienst – Onkel vom Dienst. Der spielt mit den Kleinen dann Schiffe versenken, während Mammi und Pappi ihrer Arbeit nachgehen … Was sagste, Muttilein? … Bis dahin ist der Krieg verloren …

Erstens heißt das nicht mehr Krieg, Muttilein, sondern »Fortsetzung der Wirtschaftspolitik mit anderen Mitteln«; und zweitens vergisst du das Schild, das am Kasernentor … äh, Wohnparkeingang hängt: »Lieber Feind, unsere Soldatinnen befinden sich gerade in der Stillzeit. Wir bitten, von einem Angriff vor 14 Uhr abzusehen.« Da ziehen dann die Taliban, oder wer auch immer, eben nicht an ihrem Sprengstoffgürtel, sondern nur Leine. Ich sage dir, Muttilein, wenn die Uschi das alles durchsetzt, dann wird der Satz von olle Hindenburg doch noch wahr: »Der Krieg bekommt mir wie eine Badekur.«

## 25. JANUAR 2014

Muttilein, 2014 haben wir ja bedeutende Jubiläen.

Vor 100 Jahren begann der Erste Weltkrieg, vor 75 Jahren der Zweite. Und beide haben wir verloren. Das soll sich nicht wiederholen. Das mit dem Verlieren.

Deshalb fährt Deutschland jetzt eine andere Strategie. Wo Krieg ist, machen wir vorsichtshalber auf beiden Seiten mit. Mit Waffenlieferungen.

Denn schon Hans-Joachim Kulenkampff wusste: »Einer wird gewinnen.«

Und mit dem gewinnt dann Deutschland mit … Nee,

Muttilein, ich rede keinen Unsinn. Ich erzähle dir nur, was jetzt wieder rausgekommen ist.

In Syrien kämpfen beide Kriegsparteien mit deutschen »Milan« Raketen. Die hat Franz Josef Strauß noch an Assads Vater verkauft. Und davon sind einige bei der Al-Qaida gelandet … Was sagste, Muttilein? … Der Strauß hat doch 1949 gesagt: »Wer noch einmal ein Gewehr in die Hand nimmt, dem soll die Hand abfaulen.«

Was soll denn das jetzt? … Du meinst, hier könnte Horst Seehofer sagen: »Wer lügt, fliegt.« Zumindest aus der CSU … Muttilein, der Strauß ist doch längst tot … Was? … Den könnse auch noch nachträglich rausschmeißen? … Ja … nee, Muttilein, der Strauß hat ja nicht gelogen. Der hat ja den Syrern keine Gewehre verkauft, sondern Raketen. Und das war Diplomatie. Damit die Syrer die Waffen nicht von den Russen kaufen, sondern das Geschäft mit Deutschland machen … Was sagste? … Von deutschem Boden darf nie wieder ein Krieg ausgehen.«

Stopp, Muttilein! Jetzt bringste was durcheinander. Das hat Wilhelm Pieck gesagt. Und das war einer der wenigen Sätze, an die sich die SED auch gehalten hat. Im Westen hat das Willy Brandt zwar auch gesagt, aber was ist daraus geworden?

»Dem Deutschen soll nie wieder der Boden für einen Krieg ausgehen.«

Und wenn der Boden sonst wo ist, in Syrien, in Mali, in Afghanistan – Deutschland macht gute Minen zum bösen Spiel. Wir werden weiter beliefern, bis alles in Scherben fällt. Aber dann den Flüchtlingen die Einreise verweigern.

Ich weiß nicht, Muttilein, wofür man sich mehr schämen muss, für die deutsche Vergangenheit oder die Gegenwart? Dabei steht im Grundgesetz Artikel 26, Handlungen, die das friedliche Zusammenleben der Völker stören, müssen bestraft werden. Und Waffenexporte stören nun mal das friedliche Zusammenleben der Völker ganz empfindlich.

Deshalb sollte man in Anspielung auf Franz Josef Strauß sagen: Wer noch einmal einen Vertrag über die Lieferung von Waffen unterzeichnet, dem sollte die Hand abfaulen … Was wäre noch besser, Muttilein? … Wer von diesen Politikern noch einmal das Wort Frieden in den Mund nimmt, dem sollte die Zunge abfaulen … Nee, Muttilein das würde nichts nützen … Warum? … Weil Politiker meist doppelzüngig sind.

## 1. FEBRUAR 2014

Muttilein, heute beginnt nach dem chinesischen Horoskop das »Jahr des Holzpferdes«. Und das bedeutet nichts Gutes … Was sagste? … Angela Merkel ist in einem »Jahr des Pferdes« geboren … Da siehstes doch. Der Hongkonger Wahrsager Raymond Lo sagt doch nicht umsonst, das Jahr würde zu heftigen Spannungen, Kämpfen und Kriegen führen. Und da ist was dran. Wenn du das Wort »Holzpferd« hörst, Muttilein, was fällt dir denn da ein? … Dein Schaukelpferd, das du als Kind hattest … Was hat denn das mit Spannungen zu tun? … Hm? … Immer wenn du da runtergefallen bist, war dein Rücken verspannt … Muttilein, du scheinst aber nicht bloß auf den Rücken gefallen zu sein … Was? … Noch so eine Bemerkung und ich habe einen Satz heiße Ohren? … Siehste, da haben wir sie schon! Die Spannungen. Das »Jahr des Pferdes« ist gerade mal ein paar Stunden alt, da haben wir schon Spannungen. Bloß wegen so eines kleinen Holzpferds.

Nun, denke mal an das große Pferd, das »Trojanische«! Da gab es sogar Krieg. Und dann gucke dir mal die Pferde an, die in Merkels Stall stehen. Da machte Steinmeier schon in seiner Antrittsrede den Hengst und wieherte – ich zitiere: »… der deutschen Außenpolitik stehen turbulente Zeiten bevor.« Da guggste, Muttilein! »Ein gewaltiges Schicksal bricht über Europa herein, seit wir uns Ansehen in der Welt erkämpften, haben wir 44 Jahre im Frieden gelebt.« … Oh, nee, jetzt bin ich in der Zeit verrutscht.

Das war nicht Steinmeier im Bundestag, das war der Reichskanzler von Bethmann Hollweg 1914 im Reichstag. 2014 im Bundestag hat Steinmeier gesagt: »Dazu sind wir auch in Europa inzwischen ein bisschen zu groß und zu wichtig«.

»Wir wollen niemand in den Schatten stellen, aber wir verlangen auch unseren Platz an der Sonne.« … Was sagste? … Das mit der Sonne war nicht Steinmeier 2014 im Bundestag, sondern Bernhard von Bülow 1897 Reichstag. Na ja, aber der Ort stimmte.

Muttilein, mit der deutschen Außenpolitik kommt man ganz durcheinander.

Der Bethmann Hollweg wollte das deutsche Schwert 1914 »nur zur Verteidigung einer gerechten Sache aus der Scheide fliegen lassen«. Und was fliegt 2014 bei von der Leyen raus? … Wo? Na, aus ihrer Scheide … äh, ich meine ihre Vagi… Nein, nicht was du denkst, Muttilein. Ihre Vagilität meine ich, die sie eingefordert hat. Vagilität kommt aus dem Lateinischen und bedeutet die »Fähigkeit eines Organismus, die Grenzen seines Biotops zu überschreiten«. Und die Flinten-Uschi will ja ihre bewaffneten Organe die Grenzen anderer Biotope überschreiten lassen. Sie will nach Mali. Da gibt es nämlich neben der Sonne zufällig auch noch Gold, Uran und Bauxit.

Nee, Muttilein, ich mache hier keine Panik, ich mache nur aufmerksam … Was sagste? … Sigmar Gabriel will jetzt den Export deutscher Waffen einschränken? … Na logisch, weil die unsere Soldaten selber brauchen. »Wir sind doch kein Kleinstaat in einer europäischen Randlage.«

Nee, das war jetzt nicht Bethmann Hollweg 1914, sondern Steinmeier 2014.

Wie sich die Worte gleichen. Da siehstes doch, ob nun »Jahr des Pferdes« oder nicht: Die deutsche Politik hat immer einen Pferdefuß.

## 8. FEBRUAR 2014

So, Muttilein, nun ist die Welt wieder um ein Ereignis reicher. Gestern wurden die Olympischen Spiele eröffnet. Leider geht es diesmal bei den Athleten gar nicht so sehr um ihre Leistungen, sondern mehr um ihre Neigungen. Na, gugge doch, Muttilein, die ganze Berichterstattung bisher lief doch nur auf folgende Fragen hinaus:

Erstens: Wenn zwei Männer in einem rosafarbenen Ganzkörperkondom auf einem Rennschlitten eng aneinandergekuschelt durch einen Eiskanal rodeln, werden sie dann am Ziel von Putin höchstpersönlich als schwul verhaftet?

Zweitens: Wenn sie dabei auch noch schneller waren als alle anderen, kommen sie dann für ihren Quickie aufs Siegertreppchen oder in den Gulag?

Nicht die olympische Zeremonie ist das Wichtigste in Sotschi, sondern die Homophobie. Um dagegen zu protestieren werden Sportfunktionäre extra mit Regenbogenschals ausstaffiert, um keine herzliche, sondern nur eine warme Atmosphäre aufkommen zu lassen. Dass Griechenland deswegen nur Sportlerinnen von der Insel Lesbos nominiert haben soll, ist bislang nur ein Gerücht. Fakt dagegen ist, dass Obama extra zwei Ex-Sportler, die bekennende Homosexuelle sind, als offizielle US-Vertreter nach Sotschi schickt, um Meinungsfreiheit zu symbolisieren. Oder sollte man besser sagen – zu provozieren?

Gerade die Amis, sollten sich erst mal an die eigene Nase fassen. Na, Muttilein, was war denn 1968 bei den Olympischen Spielen in Mexiko? … Da war's warm? … Och nee, jetzt fang du nicht auch noch damit an … Damals haben die beiden 200-Meter-Läufer Tommie Smith und John Carlos bei der Siegerehrung ihre Fäuste in einem schwarzen Handschuh in die Luft gereckt, um mit diesem Black-Power-Symbol gegen die Rassendiskriminierung in den USA zu protestieren. Noch am selben Tag wurden sie aus der Olympiamannschaft ausgeschlossen und aus dem Nationalkader verbannt. Zu Hause angekommen wurden sie verfemt und ihre Familien erhielten Morddrohungen.

Und bei uns in Sachsen-Anhalt hält der Verein »Leo« Homosexualität sogar für eine Krankheit und bietet Heilungskurse an. Aber wenn Putin über die Homosexualität sagt: »Bitte lassen Sie die Kinder damit in Ruhe«, sind die Menschenrechte gefährdet. Gefährdet ist hier eher wieder mal die olympische Idee. Im alten Griechenland sollten die Spiele ein unbeschwertes Fest sein. Damit die Athleten ihre Kämpfe sicher austragen konnten, sollten alle anderen Kämpfe ruhen … Was sagste, Muttilein? … Eine schöne Utopie, die noch nie funktioniert hat …

Doch, beim Nacktrodeln im Harz. Da wird keiner diskriminiert. Da heißt es einfach: »Ob Pimmel oder Titten, der Schlitten wird geritten.«

## 15. FEBRUAR 2014

So, Muttilein, die Deutsche Bahn hat jetzt einen fahren lassen. Einen Doppelstockzug mit dem Namen »Jenny Marx« in Richtung ihrer Geburtsstadt. Schon gibt's Ärger. In Stendal … Was sagste, Muttilein? … Jenny Marx ist in

Salzwedel geboren … Ja, das ist schon richtig, aber der Zug mit ihrem Namen fährt doch durch Stendal. Und da hat jetzt eine Lehrerin an der Comenius-Schule am Ende einer Lesung, in der die DDR wieder mal zum Unrechtsstaat erklärt wurde, die DDR verklärt.

Sie hat gesagt, ich überspitze jetzt mal, die DDR bestand nicht nur aus Stalin, Stasi und Stacheldraht, sondern es ging auch jeden Tag die Sonne im Osten auf und im Westen unter … Nein, Muttilein, das ist eben nicht richtig. Richtig hätte sie sagen müssen, dass die Sonne im Westen aufging und im Osten unter … Was sagste, Muttilein? … Das wäre wissenschaftlich Unsinn … Ja, aber politisch korrekt.

Nach heutiger Geschichtsschreibung hat im Osten alles unterzugehen. Auch die Sonne. Deshalb ist es ja auch so gefährlich, im Zusammenhang mit der DDR überhaupt von Sonne zu sprechen. Weil, Muttilein, die Sonne wird im Volksmund ja auch »Klärchen« genannt. Und dann unterstellt man dir eben Verklärung der DDR.

Dabei hat die Lehrerin, nach dem, was ich hier lese, sich nur an das pädagogische Vermächtnis des Namensgebers ihrer Schule gehalten, des Pädagogen Johann Amos Comenius. Sein Grundsatz lautete nämlich: »Alle alles in Rücksicht auf das Ganze zu lehren.« Also, alles von allen Seiten zu betrachten.

Und dann hält zu allem Überfluss nun auch noch die »Jenny Marx« in Stendal, dabei liegt im Gepäcknetz ein Buch ihres Mannes Karl, in dem steht, dass sich die menschliche Erkenntnis der absoluten Wahrheit durch relative Wahrheiten immer nur nähern kann, ohne einen endgültigen Abschluss zu finden. Ich mache dir mal ein Beispiel.

Stell dir vor, die DDR steht vor Gericht. Der Staatsanwalt redet in seinem Plädoyer von Mauertoten, fehlender Reisefreiheit und Stasi. Der Richter sagt: »Da haben Sie recht.« Dann spricht der Verteidiger von sicheren Arbeitsplätzen, kostenlosem Gesundheitssystem und bezahlbaren Mieten. Da sagt der Richter: »Da haben Sie recht.«

Darauf meldet sich ein Schöffe und sagt: » Herr Richter, die können doch nicht beide recht haben.« Worauf der Richter sagt: »Da haben Sie auch wieder recht.«

Nun sprich mal ein absolutes Urteil, wo doch alles nur relativ ist. Oder wie es in einem jüdischen Witz heißt: Wenn du mir deine Nase in den Hintern steckst, haben wir beide eine Nase im Po. Aber ich bin relativ besser dran.

## 22. FEBRUAR 2014

Muttilein, der Grönemeyer hat es schon lange gefordert und jetzt ist es so weit: »Gebt den Kindern das Kommando!« hat er immer gesungen. Kinder an die Macht.

Und nun siehste ja, was Kinder für eine Macht haben. Früher hat es immer geheißen: Wenn ein Schmetterling hier mit den Flügeln schlägt, löst er irgendwo auf der Welt einen Wirbelsturm aus. Das nennt man Chaos-Theorie. Heute kann man sagen, wenn ein Kind in Kanada nackig fotografiert wird, fegt ein Sturm der Entrüstung in Deutschland den Landwirtschaftsminister von der CSU vom Sessel, obwohl der gar nichts mit den Nackedeis zu tun hat. Die hatte nämlich ein SPD-Politiker auf seinem Computer. Und nun ist die GroKo wegen dieses Computers der reinste Chaos Computer Club … Was sagste, Muttilein? … Der Chaos Computer Club ist ein deutscher Verein, in dem sich Hacker zusammengeschlossen haben … Ja, genau. Das sage ich doch: Die Bundesregierung ist ein Verein von Chaoten, die nur noch gegenseitig auf sich einhacken. Für die eigentlichen Aufgaben haben die doch gar keine Zeit. Die haben nur damit zu tun, sich selbst zu verwalten. Da bekommt der Begriff staatliche Selbstverwaltung eine völlig neue Bedeutung. Aber das ging ja schon los, da waren die noch gar keine Regierung, sondern noch in den Kopulationsgesprächen … Koalitionsgesprächen … 'tschuldigung, Muttilein, aber bei dem Thema kann man sich schon mal versprechen.

Jedenfalls hat der Friedrich von der CSU, da war er noch Innenminister, zum Gabriel von der SPD gesagt: »Ätsch, ich weiß was! Euer Edathy hat Bilder von Kindern, bei denen sieht man die Schnippeldüllriche. Muss aber unter uns bleiben!«

Klar, hat Gabriel zu Friedrich gesagt und dann zu seinem Parteifreund Oppermann, ob er mal beim BKA anrufen könnte und fragen, ob das auch stimmt.

»Woher wissen Sie denn das?«, hat da das BKA zu Oppermann gesagt.

»Na, vom Friedrich«, sagte Oppermann.

»Oh, da müssen wir jetzt auch gegen den ermitteln, wegen Geheimnisverrats«, sagte das BKA.

»Och nö!«, maulte da Friedrich bei Änschie: »Ich habe

doch nur meinen Amtseid befolgt und Schaden vom deutschen Volk abwenden wollen, damit nicht ein Pädophiler noch Minister werden kann.« Darauf sprach Änschie ihrem Friedrich das »vollste Vertrauen« aus. Und das war wie immer sein Todesurteil. Und nun kommt Seehofer und sagt: »Wenn mein Parteimitglied ans Messer geliefert wurde, weil bei den Sozis einer Glieder auf Bildern hat, dann müssen jetzt die Sozen dafür liefern. Und zwar Zustimmung zu allem, was ich will: »Maut, weniger Windstrom, dafür mehr Energie aus Biomasse.« Und da hat er nicht ganz unrecht. Allein mit dem Strom aus der Scheiße, die die GroKo baut, könnte man halb Deutschland beleuchten.

## 1. MÄRZ 2014

Nee, Muttilein, das haben die nicht verdient. Na, ich meine unsere Olympionieten.

… Was sagste? … Die Teilnehmer an Olympischen Spielen heißen Olympioniken … Nee, Muttilein, das stimmt eben nicht. Olympionike heißt im Altgriechischen nur der Sieger. Wobei, von Altgriechisch hatte das schon was, was unsere Teilnehmer in Sotschi vollbracht haben. Die Langläufer sahen alt aus und fragten sich: »Griech isch die vor mir noch ein, oder griech ich bloß hinterher.« Und wenn sie schon mal vorn waren, überraschten sie mit einer völlig neuen Interpretation des Begriffes Langlauf. Sie legten sich in der Loipe lang beim Lauf, als hätten sie in der gleichen Gruppe wie Angela Merkel trainiert.

Es gab auch welche, die erzielten ein umwerfendes Ergebnis. Und zwar dadurch, dass sie sich kurz vor dem Ziel gegenseitig umwarfen.

Oder, Muttilein, beim Bobfahren: Anstatt dass unsere auf dem Siegertreppchen das »Deutschlandlied« hätten singen können, schlichen sie sich bedröppelt aus dem Eiskanal mit dem »Kufsteinlied«: »Mit solchen Kufen kommt man nicht aus den Hufen«.

Dabei hatten die Funktionäre in Sotschi 30 Medaillen eingeplant. In Worten: Dreißig! Tagelang wurde im Medaillenspiegel folgende Reihenfolge veröffentlicht:

1. Deutschland
2. Norwegen
3. USA

Das ging so lange, bis herauskam, dass diese Reihenfolge vom ADAC erstellt worden war. Aus dreißig geplanten Medaillen wurden jedenfalls nur neunzehn.

So viel zum Thema Planwirtschaft. Spätestens seit 1990 weiß man doch, dass die auch in die Hose gehen kann. Jetzt herrscht im deutschen Sport dicke Luft. Im Gegensatz zu den Russen. Die sollen sich ja mit Xenon beatmen. Wenn man das Edelgas schnüffelt, heißt es, soll das zu Edelmetall wie Gold, Silber und Bronze führen, weil Xenon die Durchblutung der Muskeln anregt und man dadurch schneller werden kann.

Da ist was dran, Muttilein, seit die Autos mit Xenon-Scheinwerfern fahren, sind die auch deutlich schneller geworden. Aber das wollte ich jetzt eigentlich gar nicht erzählen, sondern: Wie es in Sotschi für unsere Sportler gelaufen ist, das ist die eine Sache, aber dass sie dann zu

Hause von Joachim Gauck empfangen wurden – so eine harte Strafe hatten sie nun wirklich nicht verdient … Was heißt wieso? … Muttilein, gerade der Gauck ist doch an allem schuld … Warum? … Na, weil er nicht nach Sotschi gefahren ist, um unsere Sportler anzufeuern. Nach eigenen Worten wollte er mit seinem Boykott »die russischen Menschen unterstützen.«

Und das hat er ja auch prima hingekriegt. Die Russen waren Erster und wir nur Sechster.

## 8. MÄRZ 2014

Jo, äh … heute kann ich mal nicht so reden wie sonst. Wegen des Datums: 8. März. Wenn Sie wissen, was ich meine. Im Volksmund auch Frauentag genannt. Da muss man sich jedes Wort überlegen. Jetzt, wo doch gerade diese Studie herausgekommen ist, dass jede dritte Frau in der EU Opfer von Gewalt geworden ist.

Gut, Muttilein ist erst meine zweite, insofern bin ich da fein raus. Aber sicher ist sicher. Jetzt isse gerade in der Küche und macht Frühstück. Früher bin ich da auch mal rein und habe gesagt: »Na, Muttilein, wie sieht's denn aus mit meinen Eiern?«

Aber nachdem ich in der Studie gelesen habe, dass das schon unter sexuelle Belästigung fallen könnte, wenn man fragt, ob das Rührei fertig ist, lasse ich das lieber bleiben. Viele Übergriffe sollen sich ja am Arbeitsplatz ereignen, steht in der Studie.

Na Klasse! Unsere Küche ist so kleen, da kommt man gar nicht ohne Übergriffe aus. Zum Beispiel nachmittags, wenn wir Kaffee trinken. Das heißt, Muttilein trinkt Kaffee, ich trinke ja Tee … jedenfalls sagt Muttilein, sie wisse auch nicht warum, aber der Kaffee täte eben besser schmecken, wenn ich den mache.

So, nu mir beede also in unserer kleenen Butze von Küche! Muttilein steht wie immer im Mittelpunkt und schneidet uns zwei Stückchen vom Kuchen ab. Sie ist die Abschnittsbevollmächtigte bei uns. Wenn ich jetzt zur gleichen Zeit aber den Kaffee machen will, kommt es automatisch zu einem Übergriff, weil ich an ihre Tüten ran will. Von hinten kann ich nicht, da steht nämlich die Mikrowelle. Also greife ich über Muttilein drüber und habe gerade ihre Tüten in der Hand – also, die Filtertüten, da klingelt auch schon der Küchenwecker. Ich sage zu Muttilein: »Oh, ich habe gerade alle Hände voll zu tun mit deinen Tüten. Kannste mir mal bitte meinen Beutel rausholen!« Aus dem Teepott, meine ich. Aber wenn das einer hört, denkt der, ich mache mit Muttilein Schweinkram und schon rutscht die mit rein in so eine Studie.

In der vom Bundesfamilienministerium steht, dass 25 Prozent der deutschen Frauen im Alter von 16 bis 85 Jahren sexuelle Gewalt erfahren hätten. Gut, bei den 85-Jährigen leuchtet das ein. Die sind vor 59 Jahren alle vergewaltigt worden. Von den Russen. Heißt es. Aber wie will man das Problem heute lösen?

In der EU-Umfrage fällt schon unter Gewalt, wenn man als weibliches Wesen ab dem 15. Lebensjahr »geschubst oder gestoßen wurde«. Da ist jede Schulhofrempelei mit inbegriffen. Da gibt's nur eine Lösung: In jede europäische Familie muss ein EU-Beobachter einquartiert werden, der dann jedes Vorkommnis sofort ahndet.

Bloß, wenn der in unserer kleenen Küche ooch noch mit drinne rumwurschteln will, dann gibt's nicht nur Übergriffe, sondern auch noch Mord und Totschlag.

## 15. MÄRZ 2014

Oh, Muttilein, das wird ja spannend am Sonntag … Was? … Na, weswegen die ganze EU so aufgeregt ist. Das Referendum.

Nachdem Uli Hoeneß zu dreieinhalb Jahren Gefängnis verurteilt wurde, findet doch in Bayern ein Referendum statt, bei dem darüber abgestimmt werden soll, ob Bayern in Deutschland verbleibt oder sich der Schweiz anschließt.

Die Tendenz geht Richtung Schweiz.

Dadurch müsste der Hoeneß nicht ins Gefängnis, weil dann die 28 Millionen, die er in Deutschland hinterzogen hat, nämlich in dem Land wären, in dem sie eh schon sind. Und der FC Bayern wird dann die Nationalmannschaft der Schweiz.

Bayern wird zur Zeit von gewaltigen Demonstrationen erschüttert. Bürgerrechtler demonstrierten vor dem Gericht mit Transparenten wie »Strafrichter ans Telefon« oder » Sulidarität für Hoeneß.« Sulidarität … Merkste den Volkswitz, Muttilein? S-Uli-darität. Da steckt der Uli drin. Im Knast. Und deshalb das Referendum … Was sagste? …

Das Referendum ist nicht in Bayern, sondern auf der Krim … Jetzt, wo du's sagst … Siehste, das kommt davon, wenn man in den Medien nüscht anderes liest und hört, als Hoeneß und Putin. Gut, ein paar Gemeinsamkeiten haben die beiden schon.

Beide sind im gleichen Jahr geboren.

Beide haben sich ein mächtiges Imperium aufgebaut.

Der Hoeneß den FC Bayern, der Putin Russland.

Beide leiden am »Jekyll & Hyde-Syndrom«.

Putin verwandelt sich vom Staatsmann in feinem Zwirn gern mal in einen Angler mit freiem Oberkörper, in einen Reiter oder Tiefseetaucher.

Hoeneß gibt sich tagsüber als Vater Teresa und sagt Sätze wie: »Ich weiß, dass das doof ist. Aber ich zahle volle Steuern.« Nachts verwandelt er sich dann in ein geldgieriges Monster, das schnell mal 18 Millionen Schwarzgeld an der Börse verzockt. Am Tage leidet er dann wieder unter Finanz-Alzheimer und sagt dem Gericht, das habe alles die Bank gemacht. Dummerweise hatte er aber 2011 im »Handelsblatt« gesagt: »Ich habe keinen Banker, der allein entscheidet. Die letzte Entscheidung habe immer ich selbst.« Im Fußball nennt man so was Eigentor.

Aber der Fußball hat mit dem wirklichen Leben immer weniger zu tun. Was sind im Fußball schon 28 Millionen? Im wirklichen Leben könnte man damit den Regelsatz von ca. 70 000 Hartz-IV-Beziehern finanzieren. Im Fußball kriegt man für 28 Millionen gerade mal einen Torwart von Schalke nach München. Im richtigen Leben nennt man so etwas Menschenhandel. Im Fußball Transfer.

Und deshalb nimmt Uli Hoeneß sein Urteil jetzt auch

sportlich. Er verzichtet auf eine Revision. Oder, um im Fußballdeutsch zu bleiben: Er wechselt für 28 Millionen jetzt vom FC Bayern München zur JVA Landsberg und hat dort einen Dreieinhalb-Jahresvertrag. Danach wird er den ihm gebührenden Platz in den Medien wieder einnehmen. Mit Alice Schwarzer, Klaus Zumwinkel und Boris Becker moderiert er dann die Sendung »Das moralische Quartett«.

## 22. MÄRZ 2014

Доброе утро, дорогие слушатели. Или, также можно говорить: Добро пожаловать, дорогие друзья политической сатиры. Я очень радуюсь, что вы снова включили радио, чтобы слышать »лен мамы«. Вы понимаете, что это значит – Лен мамы? Это »Muttilein« по-русски. Это очень lustig … äh, весело … Muttilein, da musste dir jetzt nicht die Ohren zuhalten. Ich habe vorsichtshalber mal mein altes Russisch-Lehrbuch wieder rausgeholt. Man will ja vorbereitet sein.

Wenn man dem glaubt, was sie uns immer in den Medien erzählen, dann steht der Putin ja bald an der Elbe. So etwas passiert über Nacht. Da gehen wir abends als Sachsen-Anhalter ins Bett und wachen morgens als Russen wieder auf. Na, das ist doch jetzt passiert, auf dieser Halbinsel im Schwarzen Meer. Simsala-Krim – und schon war die russisch. Und der Putin soll ja so weitermachen wollen, hat der Obama zur EU gesagt.

Und die EU hat zur Merkel gesagt, sie solle mal dem

Putin sagen, dass der Obama zur EU gesagt hätte: »So nicht, Herr Putin!«

Das bleibt nun alles wieder an unserer Änschie hängen … Warum? … Böse Zungen behaupten, ihr bliebe gar nichts anderes übrig, weil, sie wäre nun mal das Freudenmädel von Obama. Da wird man ihren Fähigkeiten nicht gerecht, glaube ich. Der wahre Grund ist: Sie kann am besten Russisch. Sie hat sogar in der DDR mal eine Russisch-Olympiade gewonnen. Vielleicht saß der Putin damals sogar in der Jury.

Er war ja lange in Deutschland. Deshalb spricht er ja auch ausgezeichnet Deutsch und kennt sich in der deutschen Politik aus. So weiß er z. B., wie Deutschland unter Adenauer 1955 mit einem Referendum das Saarland von Frankreich nach Deutschland zurückgeholt hat, oder wie Deutschland unter Kohl und Schröder mitgeholfen hat, Jugoslawien zu spalten und das Kosovo abzutrennen. Und Putin spricht ja auch ausgezeichnet Englisch. Ja, Muttilein, KGB-Leute sind gebildete Leute. Deshalb weiß er auch, wie Ronald Reagan 1968 Grenada besetzt hat, weil die Grenadiere … die Grenadaer … die Gren… also die Bürger von Grenada sich politisch mehr an Kuba und Nicaragua orientieren wollten. Da fühlte aber Herr Reagan die Sicherheit der amerikanischen Bürger enorm bedroht und schwupp – hatte er Grenada besetzt.

Und was Putin theoretisch verstanden hat, wollte er nun auch mal in der Praxis selber anwenden. So einfach ist das aber nicht. Denn der §1 des Völkerrechts lautet: »Erlaubt ist, was dem Westen nütze. Macht's Putin – gibt's eins auf die Mütze«.

Deshalb jetzt die Sanktionen. Es wurden Einreiseverbote für bedeutende russische Persönlichkeiten in die EU und die USA verhängt. Ich habe mal auf die Liste draufgeguggt. Die ist bei Wikileaks veröffentlicht. Ich weiß jetzt nicht, ob ich sie alle zusammenkriege, aber auf der Liste standen: Lenin, Breshnew, Tolstoi, Puschkin, Tschaikowski und Väterchen Frost … Es gibt aber auch eine gute Nachricht. Der Chef von Gazprom ist nicht dabei. Der kann weiterhin in den Westen reisen. Allerdings mit einer Auflage. Er muss für seine Reisen eine Maschine von Malaysia Airlines benutzen.

Wenn das trotzdem alles nichts hilft, dann folgt Sanktionsstufe drei:

Ein weltweites Verzehrverbot für Russisch Brot.

Nur so kann verhindert werden, das Putin sich als nächstes die Ostukraine einverleibt. Dann wären wir nämlich mit dran, Muttilein … Warum? … In der Ostukraine liegt Saporoshje. Und Saporoshje ist die Partnerstadt von Magdeburg. Und mit der sind wir durch einen Partnerschaftsvertrag eng verbunden. Da müssen wir dann mit nach Russland. Dann Magdeburg nix mehr »Ottostadt«. Dann wir Putingrad. Und Putin steht dann vor dem Rathaus als »Goldener Reiter« mit freiem Oberkörper. Du verstehen? Auf Wiedersehen … also, До свидания!

## 29. MÄRZ 2014

Na, Muttilein, seit die Krim nun russisch ist, geht das auch woanders los. Als nächste wollen nun die Schotten … Nee, Muttilein, die wollen nicht russisch werden. Aber die wollen im September darüber abstimmen, ob sie Großbritannien verlassen oder nicht. Die Katalanen wollen von Spanien weg, und die Flamen wollen nicht mehr von Holland regiert werden … Was sagste? … Die Flamen gehören doch auch gar nicht zu Frankreich … Muttilein, mit Holland meine ich nicht den François, sondern die Niederlande. Und nun geht es auch bei uns in Sachsen-Anhalt los.

Der Bürgermeister von Goslar will uns den Ostharz wegnehmen. Er meint, der Harz sollte nicht mehr zwischen Sachsen-Anhalt, Niedersachen und Thüringen geteilt sein. Wörtlich sagte er: »Mein Traum ist ein Landkreis Harz in Niedersachsen.«

Das stand in der »Голос народа« … also, in der »Volksstimme«. Man kommt ja schon völlig durcheinander, weil das so an die Ukraine erinnert. Der Ostharz ist doch so was wie unsere Krim. Bloß ohne Wasser drumrum.

Aber Wernigerode, Blankenburg, Thale, der Brocken wären dann alles Niedersachsen. Gloobs nur, Muttilein, das Grundgesetz erlaubt einen Neuzuschnitt des Bundesgebietes. Da gibt's dann ein Referendum und schon isses passiert. Dann geht's hier zu wie in der Ukraine. Im Ostharz große Demonstrationen mit Plakaten wie:

»Wir wollen nicht mehr früh aufstehn – lasst uns nach Niedersachsen gehn.«

In der Landeshauptstadt auf dem Maidan … äh, ab

Mai dann auf dem Domplatz Barrikaden. Von denen aus ruft der Boxer Robert Stieglitz mit geballter Faust zum Aufstand: »Je früher man aufsteht im Ring, um so kürzer ist man k.o.«

Derart aufgewiegelt ziehen seine Anhänger vor das Wernigeröder Rathaus und skandieren dort: »Aufstehn! Aufstehn! Nicht nach Niedersachsen gehn!«

Schon fliegen die ersten Stinkbomben, geformt aus Harzer Käse, über die Barrikaden. Wie es der Janukowitsch in der Ukraine vorgemacht hat, will auch Ministerpräsident Rainer Haseloff bei Nacht und Nebel aus Sachsen-Anhalt flüchten, wird aber von einer militanten Gruppe »Harzer Roller« auf dem Flughafen Cochstedt gekidnappt. Die Lösegeldforderung läuft jedoch ins Leere, weil Haseloffs Fehlen keinem auffällt. Seine Widersacherin Katrin Budde tobt derweil auf dem »Hexentanzplatz« in Thale: »Wir werfen den Brocken nicht hin.«

Und an die Adresse des Goslaer Bürgermeisters gerichtet, ruft sie: »Ich bin bereit, meine Stilettos anzuziehen und diesem Dreckskerl in die Stirn zu treten.«

Was sagste, Muttilein? … Ich kann die Budde nicht mit der Timoschenko vergleichen? … Wieso? Beide wollen Ministerpräsidentin werden … Ach so, nee, klar, die Budde wird nicht von der Bundesregierung unterstützt. Dazu müssten wir, wie die Ukraine, Neonazis in der Regierung haben. Dann gäbe es sogar noch Geld von der EU.

Aber ohne Neonazis keine Knete. So bleibt unser Kampf um den Ostharz aussichtslos. Es sei denn, wir machen Beate Zschäpe noch schnell zur Ausländerbeauftragten …

# 5. APRIL 2014

Muttilein, weißte, was gestern für ein Tag war? … Freitag … Nee … ja schon, aber ich meine vom Datum her war das der 4. April. Das habe ich dir doch schon voriges Jahr erzählt, das ist der »Tag für die Aufklärung über Minengefahr«. Da sollen die Leute darüber aufgeklärt werden, wie gefährlich Minen sein können.

Zum Beispiel die Miene von Andrea Nahles, mit der sie grinsend in die Kameras verkündet hat, dass der Mindestlohn kommt. Also, diese Achteurofuffzig, wovon sie behauptet, die würden zumindest den Namen Lohn verdienen. Wobei, verdienen ist auch wieder so ein vermintes Gelände. Wer bekommt schon das, was er verdient? Die Abgeordneten bekommen z. B. 9100 € an Diäten … Nee, Muttilein, nicht pro Jahr. Pro Monat. Was sie verdienen, will ich hier lieber nicht sagen.

Die Friseure dagegen verdienen 15000 € … Nee, nicht im Monat. Im Jahr. Damit bekommen sie nicht das, was sie verdienen müssten, um ihre Familien über den Winter zu kriegen. Das ist doch haarsträubend. Zumal Abgeordnete und Friseure quasi die gleiche Tätigkeit ausüben. Die Friseure balbieren uns über Kamm und Schere. Die Abgeordneten balbieren uns ebenfalls. Allerdings über den Löffel.

Wie jetzt eben mit dem Mindestlohn. Für Jugendliche und Langzeitarbeitslose herrscht weiter Ausnahmezustand. Die werden jetzt gleich doppelt ausgenommen. Erst mal vom Mindestlohn, weil sie den nicht kriegen, und dann durch den Billiglohn, weil sie den weiter kriegen. Genauso wie die Zeitungsausträger. Die können sich aber wenigstens daran freuen, dass in den Zeitungen, die sie austragen, steht, dass der Mindestlohn kommt. Aber eben nicht zu denen, die ihn am nötigsten brauchen würden, den Langzeitarbeitslosen.

Wenn die nach langer Zeit mal einen Job kriegen würden, würden die den Mindestlohn erst nach 6 Monaten kriegen. Also, das heißt: Die würden ihn kriegen, wenn sie nicht einen Tag vorher ihre Kündigung kriegen würden und ihr Job nicht befristet sein würde. Das »würde« des Arbeitnehmers ist unantastbar. Für die Arbeitgeber aber nicht. Die würden, so sagt Frau Nahles mit freundlicher Miene, jetzt sogar animiert werden, mehr Langzeitarbeitslose einzustellen. »Tolle Idee«, sagen die Arbeitgeber und stellen aller 6 Wochen einen neuen Langzeitarbeitslosen ein. Aber immer auf dieselbe Stelle. Damit werden die Langzeitarbeitslosen eine neue »Billiglohnreserve«.

So wie die Jugendlichen unter 18 Jahren. Die kriegen auch keinen Mindestlohn, weil sie dann lieber mit achtfuffzig das große Geld machen wollen als eine Ausbildung.

Sagt Horst Seehofer mit Verschwörermiene.

Und Ausbildung ist aber gaaanz wichtig für einen jungen Menschen.

Sagen die Unternehmer mit Heuchlermiene.

Als gut ausgebildeter Langzeitarbeitsloser würde er dann von ihnen eingestellt werden – als Praktikant und würde so auch keinen Mindestlohn bekommen.

Aber: »Der Mindestlohn kommt«, steht auf den Plakaten, mit denen Andrea Nahles jetzt große Flächen bedecken lässt. Deshalb spricht sie auch vom flächendeckenden Mindestlohn. Von diesen Plakaten, vielleicht gedruckt von einem Langzeitarbeitslosen am letzten Tag seiner befristeten Anstellung und geklebt von einem Praktikanten unter 18 Jahren, grinst uns Andrea Nahles an. Mit ihrer Siegermiene.

Und vor solchen Mienen soll heute dringend gewarnt werden.

## 12. APRIL 2014

Muttilein, weeßte, wodurch sich diese Woche ausgezeichnet hat? … Was sagste? … Durch nichts … Eben. Und das stimmt genau mit der Studie überein, die von der NASA unterstützt wurde. Die sagt nämlich den Untergang der Zivilisation voraus … Hm? … Was der Nahverkehrsservice Sachsen-Anhalt damit zu tun hat? … Muttilein, ich rede nicht von dem NASA, sondern von der NASA. Das ist die amerikanische Raumfahrtbehörde. Die hat eine Studie unterstützt, bei der herausgekommen ist, dass sich auf unserer Erde nach und nach alles in »Nichts« auflöst … Nein, Muttilein, das ist keine Ente. Das ist das Ende!
Du, am Anfang habe ich das auch auf die leichte Schulter genommen, aber jetzt, wo's die NASA auch sagt, da ist es mir schon wie Haare aus den Schuppen gefallen.

Überlege doch mal, Muttilein, was ist denn in den letzten Jahren nicht alles von dieser Erde schon verschwunden, von dem man geglaubt hatte, dass es ewig existieren würde? Die DDR, Johannes Heesters, die FDP, die Doktortitel bei Guttenberg, Schavan und Co., die Krim von der

Landkarte der Ukraine, Russland aus den G8, der Flug MH 370 und jetzt soll auch noch »Wetten dass …?« verschwinden … Was sagste, Muttilein? … Uli Hoeneß verschwindet auch noch … Ja, aber nur im Gefängnis.

Und da sind wir doch schon beim Problem. Wenn etwas verschwunden ist, dann kann vorher gewesen sein was will, es wurde hinterher immer schön geredet. Ob das die DDR war oder die Sonne. »Weißte noch, wie schön das war?«

Und diese Tendenz deutet sich doch schon wieder an. Dem Uli Hoeneß hat die Kanzlerin bereits ihren Respekt ausgesprochen. Als hätte er an seinem Betrug nicht schon genug verdient, verdient er jetzt auch noch Respekt!

Und bei »Wetten dass…?« geht das jetzt auch schon los. »Ach, so schlecht war's doch gar nicht.« Minus mal minus ergibt plus. Vielleicht sollte man »Wetten dass …?« künftig von Uli Hoeneß moderieren lassen? Live aus der Strafvollzugsanstalt Landsberg. Die Stadtwette könnte dann lauten: »Wetten, dass Uli H. 2014 nach noch kürzerer Zeit aus Landsberg entlassen wird als Adolf H. 1924?«

Die Gefängnisleitung hat doch schon ganz offenherzig das künftige Wohnumfeld von Hoeneß offeriert. Da bekommt der Begriff »Strafraum« eine völlig neue Bedeutung. Warum also nicht in Zukunft weitere mediale Begleitung. Da ergäben sich dann völlig neue Sendeformate: eine Mischung aus »Big Brother« und »Ich bin ein Star, holt mich hier raus« … Was sagste, Muttilein? … Schade, dass der Titel »Neues aus der Anstalt« bereits vergeben ist … Ja, aber »Promidinner« in der Knastkantine ginge noch. Und danach folgt DSDS: »Deutschland sucht den

Supersteuerzahler.« Mit Uli Hoeneß in der Jury. Die NASA scheint solche Pläne schon zu kennen. Denn wie könnte sie sonst sagen: Die Zivilisation nähert sich ihrem Ende.

## 19. APRIL 2014

Muttilein, es ist ein Kreuz mit dem Ostern. Also, ich meine, es ist wie vernagelt … Was sagste? … Ohne Kreuz und Nägel gäbe es gar kein Ostern … Ja … nee … Muttilein, du verstehst mich nicht. Es läuft einem wieder kalt den Buckel runter, meine ich. Gugge mal voriges Jahr, da hatten wir zu Ostern noch kalten Winter. Da konnte ich schon den »Osterspaziergang« nicht machen. Von wegen »im Tale grünet Hoffnungsglück«. Im Tal lag der Schnee zentimeterdick. Und dieses Jahr haben wir zwar warmes Wetter, aber dafür kalten Krieg. Da muss ich den Osterspaziergang schon wieder umschreiben. Ich mache mal los:

Vom Eise befreit sind Don und Dnepr,
durch des Frühlings holden belebenden Blick;
und trotzdem grünet kein Hoffnungsglück.
Der kleine Putin, genannt der Freche,
holte sich einfach die Krim zurück.
Der Westen sendet, drohend nur,
ohnmächtige Schauer, zornigen Scheißes.
Es keifen die Medien in einer Tour.
Jeder vermutet was, doch keiner weiß es.

Nach wackligen Bildern sieht man sie streben,
alles will man mit Farben beleben.
Doch an Fakten fehlt's im Revier.
Man nimmt vermummte Menschen dafür.
Kehre dich um, von diesem Gedröhn
auf den Grund zurückzusehn.
Nur dem hohlen, tumben Tor
spielt man ein buntes Gewimmel vor.
Jeder sonnt sich heute so gern,
feiert seine Auferstehung als Herrn.
Doch wer ist wirklich auferstanden
aus der niedrigen Häuser dumpfen Gemächer?
Sind's Freiheits- oder Schlägerbanden?
Sind's Phrasen- oder Judendrescher?
Auf den Straßen russophobe Gesänge.
Seit dem Maidan sind ungeschlacht
sie alle wieder ans Licht gebracht.
Sieh nur, sieh! wie behänd sich die Menge
gegenseitig die Köpfe zerschlägt,
nach Beschuss und einer Tracht Senge
man heut die, morgen jene Fahne trägt.
Und bis zum Sinken überladen
naht sich vom Meer ein NATO-Kahn.
Und von des Berges fernen Pfaden
rollen russische Panzer heran.
Wer sieht noch durch in dem Gewimmel?
Wo ist des Volkes wahrer Himmel?
Zum Frieden betet groß und klein:
Bleib bei uns, Mensch, dann ham wir Schwein.

## 26. APRIL 2014

»Mann der Arbeit, aufgewacht!
Und erkenne deine Macht!
Alle Räder stehen still,
wenn dein starker Arm es will.«

Kennste das noch, Muttilein? Das stammt aus dem Bundeslied für den ADAV, dem Allgemeinen Deutschen Arbeiterverein. Aus dem dann mal die SPD wurde. Das ist Geschichte. Aber die wiederholt sich ja, hat der Marx gesagt. Einmal als Tragödie und einmal als Farce. An diesem Lied kann man das sehr schön sehen. Heute müsste das nämlich heißen:

Mann der Arbeit aufgewacht,
halte durch die ganze Nacht.
Früh stehn alle Räder still,
wenn ein runder Ball es will.

Nein, Muttilein, mit dem Ball ist nicht die Wampe von Sigmar Gabriel gemeint, sondern der Fußball. Und seine WM. Die erhitzt doch die Gemüter zur Zeit mehr als die Europawahl. Ihretwegen soll doch in Deutschland jetzt die Planwirtschaft wieder eingeführt werden. Die Spielplanwirtschaft.

Das Problem bei der Weltmeisterschaft in Brasilien ist nämlich nicht nur die Geld-, sondern vor allem die Zeitverschiebung. Weil viele Spiele nach unserer Zeit erst mitten in der Nacht stattfinden, sollen bei uns die Arbeitszeiten flexibilisiert werden, fordern die Gewerkschaften. Fußball guggen gehört nämlich zu den Menschenrechten, deshalb muss man es allen Menschen recht machen. Zum Beispiel den Menschen vom Fernsehen.

Die sehen ihre Einschaltquoten gefährdet und die damit verbundenen Werbeeinnahmen, wenn nachts nicht genügend vor der Glotze hängen.

Beim Bundesverfassungsgericht in Karlsruhe sollen auch schon die ersten Klagen eingegangen sein, weil die WM gegen das Grundgesetz verstoßen würde. Das Prinzip der Gleichbehandlung wäre nämlich verletzt, wenn die Lohnempfänger unter den Fernsehempfängern gegenüber den Hartz-IV-Empfängern benachteiligt sind. Letztere könnten nämlich die ganze Nacht durchguggen, weil sie früh nicht raus müssen.

Daraufhin plant die Bundesregierung härtere Sanktionen für die Hartzis. Wer einen Sendetermin nicht wahrnimmt, dem soll die Stütze komplett gestrichen werden.

Um nun aber bei den Lohnempfängern unter den Fernsehempfängern die Empfängnisverhütung … Empfangsverhütung so gering wie möglich zu halten, beabsichtigt das Land Sachsen-Anhalt, für die Zeit der Fußball-WM sogar seinen Werbeslogan »Wir stehen früher auf« zu ersetzen durch »Wir legen uns gar nicht erst hin«.

Tja, Muttilein, Fußball-WM ist Ausnahmezustand. Und der gilt immer, wenn ein Staat durch Naturgewalten akut bedroht ist. In diesem Fall ist das Reich von König Fußball akut bedroht. Durch die Naturgewalt der Zeitverschiebung. Und darum stehen alle Hirne still, wenn ein runder Ball es will.

## 3. MAI 2014

Irgendwie müssten die sich nun mal einigen, Muttilein. Na, Merkel und Gauck meine ich. Da weeß doch der Eine nicht, was die Andere tut.

Der Herr von Schloss Bullerbü … Bellevue kutscht als Freiheitsstatue für Arme in die Türkei, um den Türken zu erzählen, wie Demokratie geht. Und dann wundert er sich, wenn er dafür vom türkischen Möchtegern-Sultan als Pfarrer bezeichnet wird. Das war doch eine grobe Beleidigung … Nee, Muttilein, nicht für Gauck, für die Pfarrer.

Ein Pfarrer hätte nämlich nach den Worten der Bergpredigt gehandelt: »Warum siehst du den Splitter im Auge deines Bruders, aber den Balken in deinem Auge bemerkst du nicht?«

Weißt du eigentlich, Muttilein, wie der Balken als Symbol in die Bibel gekommen ist? … Nee? … Das Bild mit dem Balken ist berufsbedingt entstanden, weil Jesus nämlich von Beruf Zimmermann war. Wäre der jetzt – sagen wir mal – Teppichhändler gewesen, dann würde wahrscheinlich heute in der Bibel stehen: »Bevor du die Fransen am Teppich deines Nachbarn kämmen willst, solltest du erst den Dreck unter deinem eigenen hervorkehren.« Und da liegt viel Verkehrtes drunter.

Da kannste doch gleich bei Gauck anfangen.

In der Türkei beklagte er, dass die zu viel beschnitten sind … Was sagste, Muttilein? … Das ist bei Muselmännern nun mal so üblich … Muttilein, mit zu viel beschnitten meinte Gauck doch nicht die Türken, sondern die demokratischen Rechte. Die wären zu viel beschnitten. Als

Gauck in der Schweiz war, beklagte er dagegen, dass die zu wenig beschnitten wären … Nein, Muttilein, nicht die Schweizer! Die demokratischen Rechte. Wörtlich hat Gauck gesagt: »Die direkte Demokratie kann Gefahren bergen, wenn die Bürger über hochkomplexe Themen abstimmen.«

Ja, was denn nun? Demokratie ja – nein – Käsekuchen, oder wie?

Und hier in Deutschland kriegt er seine Gusche gleich gar nicht erst auf, wenn es darum geht, undemokratische Vorgänge aufzudecken. Zum Beispiel, wie wir samt der Regierung durch den friedensnobelbepreisten Barack Spionama abgehört werden.

Da wird unser Wanderprediger nicht stutzig, wenn der Snowden aussagen will, es aber nicht darf, weil unsere Bundesregierung davon »schwere und dauerhafte Belastungen in den Beziehungen zu den USA« befürchtet. Das musste dir mal vorstellen, Muttilein, dieser schwarze Caesar in seinem Weißen Haus … Was ist? Obama mit Caesar zu vergleichen ist falsch. Othello wäre besser? … Wie kommste denn darauf, Muttilein? … Weil Othello auch schwarz war und Gespräche belauscht hat, was dann zu einer Katastrophe führte … Was gibt es da für ein Zitat bei Shakespeare? … »Schwarz hören und sehen kommt teuer zu stehen.« … Muttilein, das steht nicht bei Shakespeare. Das steht in der GEZ … Ach, du wolltest auch mal einen Witz machen … Schön, Muttilein, jetzt weiß ich bloß nicht mehr, was ich gesagt habe … Wieso soll ich Obama anrufen? … Ach so, Obama. Genau das war's! wars. Der hat bereits androhen lassen, die Mitglieder des

NSA-Untersuchungsausschusses strafrechtlich verfolgen zu lassen, wenn sie den Snowden vernehmen sollten … Hm? … Wenn sie es trotzdem machen? … Dann wird mal wieder Dresden bombardiert, oder was weiß ich denn?

Ist doch wahr, Muttilein, wenn die Bundesregierung sagt, sie könne die Sicherheit von Snowden nicht garantieren, dann ist das doch nur eine Umschreibung von, wenn Snowden sagen sollte: »Bin Aussagen!«, geht es ihm wie bin Laden. Da kann er sich dann die Demokratie durch den Kopf gehen lassen.

Und deshalb ist die Änschie ja jetzt bei Obama gewesen … Nee, Muttilein, nicht um aus Protest ihre Freiheitsmedaille wieder abzugeben, die ihr der Obama vor drei Jahren geschenkt hat, sondern um ihm die PIN ihres neuen, abhörsicheren Telefons zu übergeben. Da weeßte doch nun, was Demokratie ist. »Ein Verfahren, das garantiert, dass wir nicht besser regiert werden, als wir es verdienen.« … Nee, Muttilein, off so was kommt doch der Gauck nicht. Das war George Bernard Shaw.

## 10. MAI 2014

Muttilein, dass man sich mag, das kann man auf unterschiedliche Weise ausdrücken. Zum Beispiel kann man sich bei einer Geburtstagsfeier in St. Petersburg in aller Öffentlichkeit umarmen. Die Änschie dagegen macht das lieber heimlich. Nein, Muttilein, nicht den Putin umarmen. Den Poroschenko empfangen. Den Schokoladen-

Oligarchen aus der Ukraine. Obwohl die Wahlen erst noch sein sollen, hat der jetzt schon seinen Antrittsbesuch gemacht. »Mensch Petro«, so heißt der Poroschenko mit Vornamen, »Mensch Petro, du bist zu früh«, stand der Änschi die Angst im Gesicht.

Aber nun waren ja schon die Paparazzi da. »Ei, Gott, was machen wir denn da?«, hat Änschie kurz überlegt. Und dann hat sie das gemacht, was sie immer macht. Die Raute. Und das Bild ging nun unter dem Titel »Schokoladenmädchen 2014« um die Welt. »Poroschenko – die zarteste Versuchung, seit es Oligarchen gibt.«

Mit dieser Schokoladenwerbung mischt sich Änschie aber eklatant in die Angelegenheiten der Ukraine ein … Na ja, Muttilein, wenn die nur den einen Kandidaten empfängt, aber die anderen nicht. Warum auch?

Der Schokoladenkönig ist ja der richtige Mann für die Wende. Ein Wendehals.

Erst war er unter dem prorussischen Präsidenten Kutschma Minister, dann unter dem »orangenen« Juschtschenko, dann unter der rückgratlosen Timoschenko und danach auch noch im Kabinett des geschassten Janukowitsch. Und als der am Abkacken war, hat Poroschenko von seinen Milliarden schnell ein paar Tausender locker gemacht und zu Klitschko gesagt: »Los, box mich mal als neuen Präsidenten durch den ganzen Rummel.« Muttilein, das ist ungefähr so, als wäre Kaiser Willhelm 1918 statt ins Exil in den Arbeiter- und Soldatenrat gegangen, hätte danach unter Friedrich Ebert Wirtschaftsminister gemacht, bei Adolf dann Finanzminister und unter Ulbricht Kulturminister … Was sagste, Muttilein? … Das geht doch gar nicht … Ja, eben, das sage ich doch, das ist unmöglich, dass so einer die Hoffnung für die Leute in der Ukraine sein kann.

Aber das soll er ja auch gar nicht.

Er soll doch nur die Hoffnung für den Westen und die NATO sein.

So sieht sie nämlich aus – die viel gepriesene Erneuerung der Ukraine – ein korrupter prorussischer Oligarch wird ersetzt durch einen korrupten prowestlichen Oligarchen.

Und der Praktischste ist da eben ein Schokoladenhohlkörper.

Wenn er am Ende doch nicht schmeckt, wird er wieder eingeschmolzen.

## 17. MAI 2014

Muttilein, gibst du mir bitte mal die Conchita rüber? …

Nee, nicht die Banane. Da hätte ich Chiquita gesagt. Conchita ist die Wurst. Oder der Wurst. DIE ist ja ein DER. Also jedenfalls der Wiener, der sich Wurst nennt und in einer knallengen Pelle die Europawahl gewonnen hat …

Ja, Muttilein, viele denken ja, dass die das schon gewesen wäre. Dabei war die das noch gar nicht. Was Europa da zusammengewählt hat, war nur der europäische Song Contest. Eine gigantomanische Show aus Pyrotechnik und Laser.

Gut, bei der Europawahl haste das auch: Große Knaller und viele kleine Lichter.

Aber der europäische Song Contest hatte immerhin eine Einschaltquote von 35 Prozent. Und von diesen 35 Prozent sprechen jetzt 100 Prozent von Conchita Wurst. Von der Europawahl dagegen sprechen laut einer Umfrage nur 11 Prozent.

Es ist also zu vermuten, dass auch da wieder die Wurst-Fans gewinnen. Die, denen die Wahl Wurst ist.

Und deshalb versuchen die Politiker nun unter dem Motto »Wurst für die Welt« an den Erfolg des Wiener Würstchens anzuknüpfen.

Gabriele Zimmer als Kandidatin der LINKEN will nun unter dem Künstlernamen »Rot-Wurst« an den Start gehen. Bis nächste Woche wird sie sich dafür noch einen Vollbart stehen lassen.

Bei Martin Schulz von der SPD steht er schon. Also, der Bart. Ihm fehlt lediglich noch das passende hautenge Abendkleid. Das will er sich noch schnell von Guido Maria Kretschmer schneidern lassen. Und dann ist er auf dem Wahlzettel unter dem Künstlernamen »Sülz-Wurst« zu finden.

Die Kandidatinnen der »Grünen« Rebecca Harms und Ska Keller treten als Duo »Tofu-Wurst« an und die CDU … ja, die hat ein Problem.

Seit Conchita Wurst ist das Motto: Auffallen ist alles.

Aber an David McAllister fällt nur auf, dass er durch nichts auffällt. Da er blasser ist als eine bayrische Weißwurst, gibt deshalb an allen Wurstständen Angela Merkel ihren süßen Senf dazu. Obwohl man die gar nicht wählen kann. Sie ist sozusagen nur das Fettauge der CDU auf der Wurstsuppe, auf der wir zur Zeit alle herumschwimmen.

Man sagt ja bekanntlich, in die Wurst käme alles hinein, was woanders nicht mehr zu verwenden ist. So ist es auch mit Europa. Was woanders nicht mehr zu verwenden war, kam bisher immer in den Brüsseler Wurstsalat. Und wenn sie dann da alle drin sind, die Wiener, Frankfurter, Debrecziner, Lyoner und Krakauer, ist für uns noch lange nicht das Ende der Wurststrecke erreicht. Denn dann singen die Würstchen ihr Spottlied über uns: »Die Karawane zieht weiter, das Volk ist uns wurst.«

Und so gilt für Brüssel und die Wurst gleichermaßen der alte Metzgerwitz: Wenn das rauskommt, was da reinkommt, kommen wir alle irgendwo rein, wo wir nie wieder rauskommen.

## 24. MAI 2014

So, Muttilein, das wichtigste Ereignis in dieser Woche war der »Internationale Tag der Artenvielfalt« … Was heißt, wie ich jetzt schon über den Sonntag reden kann? … Nee, jetzt meinen wir unterschiedliche Tage. Ich meinte den Donnerstag. Da ging es um die Artenvielfalt – sagen wir mal, bei Vögeln.

Was du meinst, am Sonntag, das ist die Wahl des europäischen Parlaments.

Die hat ja nun nichts mit Vögeln zu tun … Was soll ich gesagt haben? …

Ich bin gespannt, welche Vögel da wieder reinkommen? … Muttilein, das habe ich nicht bezogen auf die Europawahl, sondern auf den Brief, den wir gekriegt haben … Nein, Muttilein, nicht den von der Bundeskanzlerin, in dem sie uns aufgefordert hat, die CDU zu wählen. Ich meine den Brief, den wir mal vom B.U.N.D. gekriegt haben, wo wir in Vorbereitung des Tages der Artenvielfalt ankreuzen sollten, welche bunten Vögel in unser Vogelhaus kommen. Wie viel Prozent davon sind grüne Finken, schwarze Krähen, diebische Elstern, rote Kehlchen, braune Drosseln oder gar Zugvögel …

Was sagste? … Wer uns nicht von Anfang an zugehört hat, weiß nicht, dass ich von unserem Vogelhaus rede, sondern könnte denken, ich rede vom Europaparlament … Wie kommste denn darauf? … Weil ich gesagt habe braune Drosseln … Ja und? Die haben doch immer die Türkentauben vom Vogelhaus verjagt, wenn die ans Futter wollten … Ach du Gott, jetzt weiß ich, was du meinst. Das war ja auch der Wahlkampf von den Braunen: Drosseln der Zugvögel.

Da willste nun heute mal nichts von der Politik erzählen, sondern von den vielfältigen Arten der Vögel, und schon sind wir wieder bei den einfältigen Unarten gelandet, die sich Politiker erlauben, um in das europäische Vogelhau… äh, in das europäische Oberhaus zu kommen. Selbst wenn ich jetzt den berühmten Ornithologen Matthäus zitieren würde: »Sehet die Vögel … sie säen nicht, sie ernten nicht, sie zahlen nicht in die Rentenkasse ein und der Herr ernähret sie doch« … Siehste, schon ist es wieder passiert! Bei Matthäus hieß das natürlich noch nicht Rentenkasse, sondern »sie sammeln keine Vorräte in Scheunen ein«. Bei diesem Thema machen die Politiker aber immer eine Schwalbe. Sie setzen sich immer wieder in ihr einmal gemachtes Nest. Und deshalb wünschen sie viele zum Kuckuck. Nicht die Schwalben, die Politiker. Die legen in Brüssel ihre Eier, und wir müssen sie ausbrüten.

Politiker sind schon irgendwie wie Vögel. Sie hocken immer oben auf der Leitung und bescheißen die, die unten sind. Da gibt's eigentlich nur eins: mal die Vogelperspektive wechseln, sonst kann ich dir jetzt schon sagen, was am Sonntag rauskommt: Alle Tauben sind wieder unter einem Dach.

## 31. MAI 2014

»Wer hat dich, du schöner Wald, aufgebaut so hoch da droben?«

Muttilein, so fängt das Gedicht »Jägers Abschied« von Eichendorff an.

»Wer hat dich, du schöner Wald, abgeholzt für die da oben?«, so hätte der Deppendorf im Fernsehen sicherlich gesagt, wenn er am Wahltag nicht genauso krank gewesen wäre, wie die Europawahl es war. Die könnte man nämlich »Wählers Abschied« nennen. Abschied vom Glauben, dass man mit seiner Stimme doch vielleicht irgendetwas bewirken kann. Damit Brüssel lebt, mussten viele Bäume sterben. Für das Papier, das für die Stimmzettel gebraucht wurde, die wir auch gleich hätten in die Tonne kloppen können. Sinnigerweise war die Wahlurne im Wahllokal ja auch gleich blau. Sie unterschied sich von der Plastetonne, in die wir sonst das Altpapier werfen, nur dadurch, dass sie oben einen Schlitz hatte … Na ist doch wahr, Muttilein!

Da betteln uns die Parteien wochenlang an, dass wir ihre Pappkameraden wählen sollen … also, die Kameraden, die sie auf die Plakate aus Pappe gedruckt hatten; und dabei ging da der erste Wählerbetrug schon los. Die Merkel konntest gar nicht wählen, die war nur die Strohfrau für die Kampagne »Euroland in Junckerhand«.

Das haben die meisten aber erst gemerkt, als sie auf den Wahlzettel guckten. Da haben sie unter »M« wie Merkel gesucht, da stand aber bloß Marine Le Pen.

Naja, auch 'ne Frau, haben sie sich gedacht und bei der ihr Kreuz gemacht …

Nee, Muttilein, das war keine Dummheit der Wähler. Das war ihre Verzweiflung.

Weil die anderen Parteien sie nur linken, wählten sie eben die Rechten.

Das ist auch der einzige Punkt, wo man sagen kann: Bei der Europawahl ging es mit Rechten Dingen zu. AFD, Front National, FPÖ, UKIP – alle drin.

Das ganze Papiergefalte hätten wir uns sparen können, wenn wir gleich den David Cameron gefragt hätten, wer Kommissionspräsident werden soll. Der reduziert das Wahlergebnis jetzt auf die einfache Frage: Entweder Schulz und Juncker werden es nicht, oder England tritt aus der EU aus. Ui, sagt nu Frau Merkel, und hat schon mal bei Juncker angerufen, ob er nicht doch beim Wählen ein Schwindelgefühl gespürt hat und nun aus gesundheitlichen Gründen vielleicht nicht antreten will. Sie würde lieber die Wähler vor den Kopf stoßen als die Engländer … Was sagste, Muttilein? … Das ist Verhöhnung der Wähler? … Nee, das stimmt nicht. Wenn du jemanden verhöhnen willst, musst du ihn ja irgendwie ernst nehmen. Hier geht es schlicht um Ignorierung der Wähler. Der Einzige, der mit der Europawahl zufrieden war, war der DAX. Der schoss nach der Wahl auf ein Rekordhoch. Dem ist es auch egal, ob Juncker oder Schulz hat vorn den Rüssel. Das Geld ist sowieso der Schlüssel.

Auch in Brüssel.

## 7. JUNI 2014

So, Muttilein, Pfingsten ist ja das Fest, wo was herunterfällt.

Ursprünglich war es der Heilige Geist, der gefallen ist. Auf die Erde.

Und in diesem Jahr sind es die Zinsen. Die fallen in den Keller.

Die geben ja quasi den Geist auf. Den heiligen, also den Glauben, den man mal hatte, wenn man sein Geld aufs Sparkonto trägt, da vermehrt sich das durch die Zinsen.

Und was machen die Banken jetzt? »Die duhn unser Geld vermährn«, wie der Sachse sagt. Jetzt kann es ja passieren, Muttilein, sagen die Experten, dass wir bald noch was bezahlen müssen, wenn wir unser Geld auf dem Sparbuch parken. Wie beim Auto. Wenn du das irgendwo parkst, musste ja auch Parkgebühr bezahlen. Zur Strafe. Weil die Karre still steht und in der Zeit kein Benzin verbraucht und dadurch die Wirtschaft nichts verdient. Und so machen die das jetzt auch mit unserem Geld. Wir sollen das nicht auf die Sparkasse tragen, sondern an die Ladenkasse. Wir sollen unserer einzigen Bestimmung in dieser Gesellschaft gerecht werden:

Verbraucher zu sein und nicht Sparer.

Sparen tut für uns schon die Regierung. An Sozialleistungen, an der Rente. Und wenn wir für das Alter vorsorgen wollen und uns was auf die hohe Kante legen, da kommt als Tiefschlag jetzt quasi die Zwangsabgabe für Sparguthaben, indem sie die Zinsen gegen Null laufen lassen.

Das hat sich der Mario Draghi ausgedacht. Der Chef von der EZB, der Europäischen Zockerbank … Zentralbank. Deshalb wird er von seinen Freunden von der Börse auch »Super Mario« genannt.

Für uns Sparer ist er eher ein »Graf Draghila«.

Wie ein Vampir saugt er uns die Zinsen vom Sparbuch.

Früher hieß es mal: »Wir füttern ihr Sparschwein mit Zinsen.«

Heute sparen sich die Schweine die Zinsen.

Früher sagte man: »Spare in der Zeit, dann haste in der Not.«

Heute sagen sie zu dir: »Sparste in der Zeit, dann biste ein Idiot.«

Von wegen »Wenn's ums Geld geht – Sparkasse«. Wenn's ums Geld geht – Barkasse. Ja, Muttilein, da brauchste die Piepen doch ooch nicht mehr auf die Bank zu schleppen. Kannste se gleich unters Koppkissen legen oder in den Sparstrumpf … Was sagste? … Zu Hause ist es auch nicht sicher … Wieso? … Weil da die Zahl der Wohnungseinbrüche noch größer wird? … Ach so. Na ja, Muttilein, dann kriegste aber dein Geld wenigstens von mutigen Ganoven weggenommen … Was sagste? … Ob es auch feige Ganoven gibt? Klar. Der mutige Ganove wird Bankräuber, der feige Bankdirektor.

## 14. JUNI 2014

Muttilein, jetzt gibt es nur noch ein Thema. Die Fußballweltmeisterschaft.

Da verschwinden ja alle anderen Probleme im Hintergrund. Sogar Putin und Poroschenko haben am Donnerstag miteinander telefoniert.

Jeder saß in seinem Sessel, wahrscheinlich während des Eröffnungsspiels.

Plötzlich klingelt es bei Putin, der nimmt ab und hört: »Strastwuitje, Wladimir, hier ist Petro aus Kiew. Was machst'n gerade?«

»Och«, sagte Putin, natürlich auf Russisch, »ich gucke gerade Brasilien gegen Kroatien.«

»Genau wie ich«, sagte Poroschenko, »deshalb rufe ich ja auch an. Jetzt guckt doch sowieso keiner, was wir hier treiben. Die einzigen Schüsse, die die Leute in den nächsten Wochen interessieren, sind nicht die Schüsse aus Panzern, sondern die aufs Tor.«

Da schrie es auch schon durchs Telefon: »Tor! Tor! Tor!« Das war gerade der Moment, in dem Brasilien den Ausgleichstreffer erzielt hatte.

»Hallo?«, fragte Poroschenko in den Hörer, »Wladimir, hast du gehört, was ich gerade gesagt habe?«

»Nee, du entschuldige, im Moment interessiert es doch keine Sau, was wir sagen, die gucken doch eh alle Fußball.«

»Das habe ich doch gerade zu dir gesagt«, sagte Poroschenko.

»So, da sind wir ja quasi einer Meinung«, sagte Putin.

»Eben«, sagte Poroschenko, »deshalb wollte ich dir ja auch einen Vorschlag machen. Ich habe mir gedacht, jeder von uns beiden hat doch jetzt, was er wollte. Ich habe die Macht und meine Milliarden, du hast die Krim und den Zugang zum Schwarzen Meer.«

»Ja, und?«, fragte Putin zurück.

»Na, pass auf«, fuhr Poroschenko fort: »Ich rede mit der Merkel, dass die mit der EU redet, damit die unsere Schulden bei Gazprom bezahlt, und dann haben wir alle gewonnen.«

»Ok«, hat da Putin gesagt ... also, Karascho! »Da verlängere ich dir mal das Zahlungsultimatum für eure Gasschulden bis Montag.«

»Och, warum nur bis Montag?«, jammerte, Poroschenko.

»Weil da die Deutschen gegen Portugal spielen, und das will die Merkel in Ruhe gucken können. Bis dahin hat sie die in Brüssel so weit«, sagte Putin.

»Du bist ein Schatz«, flötete Poroschenko, korrigierte sich aber umgehend, weil ihm die Haltung Putins zu gleichgeschlechtlichen Liebesbekundungen einfiel. »... äh, ein guter Sportsmann bist du, wollte ich sagen.«

»Tja«, sagte Putin, »warum sollten wir es nicht genauso machen wie der Blatter von der FIFA. Der lässt auch andere dafür bezahlen, damit er seinen Reibach machen kann.«

Tja, Muttilein: Von der FIFA lernen heißt siegen lernen.

## 21. JUNI 2014

Muttilein, unser Kabinenluder hat wieder zugeschlagen. Änschie war Fußballergucken beim Duschen.

Dafür ist sie extra schnell mal nach Brasilien gefahren. Und hat dann diesen Quickie … äh, Selfi mit Poldi auch noch ins Netz gestellt. Und nun frage ich mich, ob wir jetzt im Bundestag einen neuen Untersuchungsausschuss brauchen? So wie bei Edathy – als der damals die Bilder mit nackeligen Jungs aus dem Internet runtergeladen hatte.

Jetzt werden doch im Internet überall Bilder hochgeladen, wo die Kanzlerin mit betuchten Jungs … also, handbetuchten … handtuchbetuch … ich meine mit Jungs, die bloß ein Handtuch umhatten, abgebildet ist. Was soll denn die Welt jetzt denken?

Unsere Kanzlerin steht auf halbnackte Kerle? … Was sagste, Muttilein? … Du denkst, die ist andersrum? … Wer? Die Kanzlerin? … Ach, du meinst die Botschaft des Bildes … Das soll das Gerücht entkräften, dass sich unsere Fußballer nur vor Männern nackig machen … Na ja, aber da hättense doch nicht unbedingt die Merkel einfliegen lassen müssen. Da wäre es viel glaubhafter gewesen, sie hätten die Micaela Schäfer genommen. So wie die »Dorfrocker«. Die haben ja für ihr Werbevideo auch nicht die Änschie gebeten, sich nackig vor den Altar in einer Kirche zu stellen, sondern die Schäfer … Was sagste, Muttilein? Dafür haben sich die »Dorfrocker« ja auch entschuldigt … Weil sie nicht die Änschie genommen haben? … Ach so, bei der Kirche haben die sich entschuldigt, meinste. Und die sollen wir jetzt im Dorf lassen, hat der Regierungssprecher geseiert … geseibert. Also, der Steffen hat gesagt, es wäre ja schließlich keine Lust-, sondern eine Dienstreise gewesen. Die Kanzlerin hätte mit ihrer brasilianischen Amtsschwester über wichtige Dinge gesprochen, wie zum Beispiel ein Freihandelsabkommen. Und quasi als Beweis dafür wurden dann die Bilder mit freien Oberkörpern frei gehandelt. 2010 hatte sich Änschie ja schon mal mit dem halbnackten Özil ablichten lassen. Da hieß es noch, der Deutsche Fußball-Bund lasse sich von der Politik instrumentalisieren. Daraus hat der DFB 2014 die Lehren gezogen und ließ in Hamburg bei der Losung »Kein Fußball den Faschisten« die Faschisten überkleben.

Wenn beim Fußball schon für etwas geworben wird, dann nicht für Antifaschismus, sondern nur für Commerz und Bank oder Adi-und-das.

Und wie einst Julius Caesar vom Schlachtfeld schrieb – »veni, vidi, vici« –, postet die Kanzlerin eben heute vom Fußballfeld: Jogi, Poldi, Änschie. Was so viel heißt, wie: Ich kam, sah und Deutschland siegte.

## 28. JUNI 2014

Muttilein, in dieser Woche reduzierte sich ja alles auf das Spiel Wir gegen die Amis. Was soll das bloß werden? Fragen über Fragen.

Dürfen wir überhaupt gegen die USA gewinnen? Wenn wir es trotzdem tun, sind wir dann auch ein Schurkenstaat? Kommt Müller nach einem gezielten Schuss nicht mehr in die Kabine, sondern gleich nach Guantánamo? Schieben also die Deutschen die Kugel wieder bloß hin und her, wie 1982 gegen Österreich?

Es kann Entwarnung gegeben werden. Das Spiel war so, wie Jogis Kapitän heißt: Lahm. Das zwischen Löw und Klinsmann … äh, zwischen Merkel und Obama abgesprochene Tor ist gefallen und damit auch der Vorwurf, dass nicht alles mit rechten Dingen zugegangen wäre. Um zu beweisen, dass bei den Deutschen alles mit rechten Dingen zugeht, hätte es nicht erst dieses Spiels bedurft. Dazu hätte auch der Bundespräsident gereicht. Gauck hat sich mittlerweile wirklich als der rechte Mann im Amt erwiesen. Das haben nun auch schon seine Berufskollegen gemerkt. Pfarrer sammeln bereits Unterschriften gegen den Feldprediger, mit der Begründung, dass er sich weit von der christlichen Losung »Schwerter zu Pflugscharen« entfernt hat.

Und das stimmt, Muttilein. Wenn man Gauck reden hört, könnte man denken, der ist Inhaber des Reisebüros »Bundeswehr«. Ständig wirbt er unter dem Motto: »Öfter mal Panzer fahren«. Bloß die SPD hat das offensichtlich noch nicht mitgekriegt.

Fraktionschef Oppermann hält im Bundestag jegliche

Kritik am … Nee, Muttilein, Kriegshetzer will ich jetzt mal nicht sagen, also die Kritik am nicht Frieden favorisierenden Gauck für »Schmähkritik, wie sie die Nazis in der Weimarer Republik mit Reichspräsident Ebert betrieben haben«. Da muss man doch den Oppermann mal fragen, ob er man nicht weiß, das Gauck der erste Präsident ist, der gedanklich an den Reichspräsidenten Paul von Hindenburg und seinen Satz: »Der Krieg bekommt mir wie eine Badekur« anknüpft? Und Hindenburg hat ja die Nazis erst hoffähig gemacht.

Deshalb finden ja auch zur Zeit in mehreren deutschen Städten Kampagnen statt, mit dem Ziel Straßen und Plätze, die nach Hindenburg benannt sind, umzubenennen … Was sagste? … In Gauck-Straße? … Wenn's 'ne Sackgasse ist, warum nicht? … Nein, Muttilein, ich weiß, mit Opfern macht man keine Scherze. Und Gauck ist ja ein Opfer … Nein, nicht des Kommunismus. Des Exorzismus. Nur eben andersrum. In seinem Fall hat der Teufel bei einem Christenmenschen den heiligen Geist ausgetrieben.

Sonst würde Gauck nach Matthäus 26, Vers 52 handeln: »Stecke dein Schwert an seinen Platz. Denn wer zum Schwert greift, wird durch das Schwert umkommen.«

## 5. JULI 2014

Tja, Muttilein, in dieser Woche drehte sich alles um die Islahm-Frage. Also jetzt nicht die Islamfrage, an der schon der Wulff gescheitert ist.

Ich meine die Frage, vor der jetzt ein anderes großes Tier stand: Löw!

Der stand doch vor der Frage: Is Lahm nun besser als Dreier, Sechser oder gar als Neuer?

Nach dem Spiel gegen Algerien hieß es ja, Neuer wäre der beste Libero seit Beckenbauer. Sollte deshalb vielleicht jetzt Neuer als Dreier und dafür Lahm als Neuer ins Tor? Und während ganz Deutschland mit dieser Frage mental lahmgelegt war, nutzte der Bundestag diese Lahmheit der Nation aus, um wieder Gesetze durchzuwinken.

Ich glaube, das habe ich dir schon mal erzählt, Muttilein … Was? … Na, das will ich dir ja gerade erzählen.

Während der Weltmeisterschaft 2006 haben sie die Mehrwertsteuer von 16 auf 19 Prozent erhöht. Während der Weltmeisterschaft 2010 die Krankenkassenbeiträge, und 2014 hamse nun beschlossen, dass der Strom teurer wird. Daran ist das Erneuerbare-Energien-Umlage-Gesetz schuld … Was das heißt, Umlagegesetz? … Muttilein, wenn die nächste Stromrechnung kommt, legste dich um.

Apropos umlegen! Die von der Leyen hat im Bundestag vehement dafür geworben, dass Deutschland unbedingt Drohnen anschaffen muss. Angeblich zum Schutz unserer Soldaten in Kriegs… äh, Krisengebieten. Aber anstatt dass einer aufsteht und sagt: »Frau Ministerin, unsere Soldaten wären am besten geschützt, wenn Sie die gar nicht erst da hineinschicken«, nee, da war'n se alle mit ihren Gedanken schon wieder beim Islam: Is Lahm wenigstens gegen Frankreich richtig eingesetzt?

Und dann kommt es eben zu solchen Missverständnissen, wie beim SPD-Abgeordneten Hartmann. Die Flinten-Uschi sagte vorne, sie wolle künftig Drohnen einbeziehen, und er verstand hinten, wir sollen zünftig Drogen reinziehen. Das ist doch echt bekiffsstutzig.

Aber so vernebelt, wie wir zur Zeit alle sind, haben wir völlig übersehen, dass das wichtigste Ereignis in dieser Woche ein trauriges war. Christian Führer, der Pfarrer der Leipziger Nikolaikirche und Vater der Montagsdemonstrationen, ist gestorben.

Symbolischerweise an einem Montag.

Als wollte er uns damit noch einmal sagen: Hey Leute, kämpfen kann auch gewaltlos sein. Dazu braucht man keine Drohnen, da reichen zwei Hände. Eine, die eine Kerze hält, und die andere, die die Flamme vor dem Wind schützt, der ihr entgegenbläst. »Da kann man nicht noch Steine oder Knüppel tragen«, hat er mal gesagt.

Mit ihm hat Deutschland seinen ersten Führer verloren, um den es wirklich schade ist.

## 12. JULI 2014

Muttilein, normalerweise gilt ja als Regel: Vor Inbetriebnahme des Mundwerks – Gehirn einschalten! Es gibt aber immer wieder Ausnahmen. Zum Beispiel Joachim Löw. Der sagte vor dem Spiel gegen Brasilien: »Wir werden Mittel und Wege finden, um die Brasilianer nach Hause zu schicken.« … Was sagste? … Die hat er ja auch gefunden … Ja, Muttilein, ich weiß. Seitdem singt ganz Deutschland: »Durch sieben Tore müsst ihr gehn.« … Aber wo wollte denn der Löw die Brasilianer hinschicken? Die sind doch schon zu Hause.

Und außerdem, wieso wusste der denn das schon vor dem Spiel?

Durch die Bundeskanzlerin! Jetzt wird klar, warum die Merkel gleich zum ersten Spiel Deutschlands in Brasilien war. Sie hat sich nämlich vorher mit ihrer brasilianischen Amtsschwester getroffen, der Dilma Rousseff.

»Du, pass mal off, Dilma«, wird die Änschie gesagt haben, »kannste nicht mal dafür sorgen, dass meine Jungs gegen deine gewinnen? Da drehn die bei mir zu Hause völlig ab und nörgeln nicht immer rum, dass der Obama uns abhören lässt. Ich weiß schon gar nicht mehr, was ich meinen Leuten erzählen soll. Ich habe doch dem Barack nun mal das Freihandelsabkommen versprochen.«

Muttilein, das habe ich mir nicht aus den Fingern gesogen. Das kannste alles nachlesen. Ich habe mir die alte Zeitung extra noch mal rausgesucht. Hier steht wörtlich: »Merkel und Rousseff sprachen über Freihandelsabkommen und NSA-Abhöraktivitäten.«

Die Rousseff wollte aber erst nicht so richtig ran: »Wenn ihr gegen uns gewinnt, das wäre ja das achte Weltwunder.«

»Einverstanden«, antwortete Änschie, »acht Tore sind als Wunder für die Welt ok.«

»Och, nee!«, hat sich die Rousseff noch geziert.

»Na ist gut, Dilma, weil du's bist: sieben für uns, eins für euch.« Danach kam dann der bekannte Kabinenbesuch, bei dem Merkel in die Dusche rief: »Ihr könnt gegen Brasilien sieben Tore schießen.«

»Schön und gut«, gab Löw zu bedenken, »aber vorher müssen wir ja erst noch gegen Ghana, die USA, Algerien und Frankreich gewinnen.«

»Papperlapapp«, schnitt ihm Änschie das Wort ab. »Ghana erledigt die USA, die USA erledigt Obama selber, Algerien habe ich eine Panzerfabrik von Rheinmetall versprochen, und Frankreich kläre ich mit Hollande persönlich. Schon bei meinem Skiunfall wollte der mich auf Händen tragen.«

Dumm ist nur, dass auch diese Gespräche abgehört wurden. Und nun weiß die ganze Welt, wie Deutschland ins Endspiel gekommen ist. Nun war Änschie echt sauer.

Sie erkundigte sich bei Obama, ob sie seinen Chefspion aus Berlin ausweisen dürfe. »No!«, lautete Obamas Antwort. Ausweisen wäre zu hart. Sie könne aber die Bitte zur Ausreise aussprechen … Was sagste, Muttilein? … Raus ist raus … Nee! Bei einer Ausweisung ist der Spion eine Persona non grata. Das wäre diplomatisch zu heikel gewesen. Bei einer Bitte dagegen hat ihm Änschie wahrscheinlich auch noch die Fahrkarte bezahlt.

## 19. JULI 2014

Muttilein, jetzt beruhige dich doch mal … Ich kann doch auch nichts dafür … O nee, das ist im Moment furchtbar mit der Frau.

Seit die gesehen hat, wie der Löw von der Bühne am Brandenburger Tor gerufen hat: »Wir sind alle Weltmeister«, da ruft die nun andauernd bei unserer Bank an und fragt, ob das Geld schon auf dem Konto ist.

Ich sage: »Muttilein, was denn für Geld?«

»Na«, sagt sie, »ich habe gelesen, dass jeder, der Weltmeister geworden ist, 300 000 € Prämie kriegen soll.«

Ich sage: »Muttilein, das ist doch bloß symbolisch gemeint. Gugge mal, als es hieß, wir sind Papst, da biste doch auch nicht in die Kirche eingetreten. Und überlege doch mal bissel logisch. Wir sind nach der letzten Volkszählung 80 716 000 Deutsche. Nun rechne die Anzahl doch mal 300 000 Euro! Das wären dann ja über 24 Billionen, die der Fußballverband auszahlen müsste. So viele Nullen hat der DFB nun auch wieder nicht … Also auf seinem Konto, meine ich. Außerdem sind die 300 000 Glocken doch bloß für die, die gespielt haben.«

Da sagt sie: »Großkreutz, Durm und Draxler haben auch nicht gespielt und kriegen das Geld trotzdem.«

»Ja«, sage ich, »aber die hätten gespielt, wenn sie gebraucht worden wären.«

Darauf sagt sie: »Aber wir wurden doch für die Spiele auch gebraucht.«

Ich sage: »Ja, Muttilein, wir wurden auch gebraucht. Aber nur für die Euphorie. Das musste dir vorstellen wie im Theater. Vorne stehen die Stars, und wir sind die Statisten, ohne die das ganze Theater gar nicht möglich wäre. Der Chor, der Hymnen auf die Stars singen soll.«

Ich habe mich dieser Aufgabe gestellt und eine Hymne gemacht, bei der man sogar alle drei Strophen singen kann. Nee, ich singe jetzt nicht. Ich deute nur an. Das spart dem Sender die GEMA. Für das Geld kann die ARD dann wieder Rechte für neue Fußballspiele kaufen. Senderechte meine ich. Jetzt geht's los! Überschrift: »Neues Lied der Deutschen«

Deutschland, Deutschland über alles,
was passiert ist, staunt die Welt.
Weil uns ward zum Schutz und Trutze
Neuer in das Tor gestellt.
Trinkt die Maß auf Couch und Schemel
und ruft: »Ätsch!«, wenn Messi fällt –
Denn für Deutschland über alles,
Neuer seine Handschuh hält.

Deutsche Fahnen, an den Autos
steigerten den Spritverbrauch.
So gewannen neben Müller
»Agip«, »Shell« und »Esso« auch.
»Adidas« ist aus dem Häuschen,
denn es kauft jetzt jedermann
Schuh und Hemden mit drei Streifen –
Aktie auf den Höchstwert sprang.

Özil, Klose, Lahm, Khedira,
Schürrle, Götze, Toni Kroos
ließen uns total vergessen,
was sonst in der Welt noch los.
Gaza, Kiew und auch Kairo,
NSA, Jerusalem –
störn nicht lang den Glanz des Glückes –
in zwei Jahren ist EM.

## 26. JULI 2014

Muttilein, durch deine Hysterie mit dem Fußball haben wir vorige Woche ein Ereignis völlig vergessen. Den 60. Geburtstag von Änschie.

Der Tag ging ja schon gut los. Mit einem Ständchen eines Mainzer Hofsängers.

Udo von Kampen schmetterte in der Pressekonferenz in Brüssel »Happy Birthday« in so falschen Tönen, wie sie sonst nur Horst Seehofer herausbringt, wenn er zu Änschie etwas Nettes sagen soll. Um nicht heucheln zu müssen, hat er sich auch entschuldigen lassen und die Gerda Hasselfeldt zur Feier des Tages geschickt.

Da liegt die Wertschätzung schon am Namen. *Hass*elfeldt.

Na ja, Muttilein, er hätte ja auch Alois Glück zur Fete schicken können. Was heißt Fete. Änschie ist ja kein Partyluder. Nach eigenen Worten war sie schon früher auf Feten »immer das Mädchen, das Erdnüsse isst und nicht tanzt«.

Eine Fete hätte sie doch bei Schäuble auch nicht von der Steuer absetzen können. Einen Vortrag schon.

So sprach also ein Geschichtsprofessor zum Thema »Vergangenheiten«.

Schon zu ihrem Fünfzigsten hatte sie ja einen gelassen … also reden. Einen Forscher. Der sprach damals über die »Utopie der Planbarkeit von Zukunft«.

So war ja dann ihre Politik auch: keine Visionen. Och, ma gucken was kommt. Tippel-tappel eben. Und nun das Thema Vergangenheit. Das ließ viele aufhorchen.

Was will sie uns denn damit sagen? Dass sie bald in den

Sack haut? … Naja, Muttilein, gugge, mal, warum wurde denn die Rente mit 63 eingeführt? Das wäre für Änschie 2017. Und da sind wieder Wahlen. Einigen dauert aber selbst das zu lange. Die von der Leyen ist ja schon ganz hippelig auf Änschies Thron. Deshalb nennt man sie ja auch schon Drohnen-Uschi … Wie? … Nicht deshalb, sondern weil sie Drohnen anschaffen will … Was hat die von der Leyen gesagt? … »In meiner Generation ist Angela Merkel die Bundeskanzlerin.« … Wo hat sie denn das gesagt? … Im ZDF. Na bitte, da hastes doch, Muttilein. Nicht alles, was im ZDF gesagt wird, muss auch stimmen. Das ZDF ist doch jetzt auch so was wie der ADAC. Bloß ohne Räder.

Nimm doch nur diese Umfrage »Deutschlands Beste«. Dass die gefälscht war, hat man doch auf den ersten Blick gesehen … Woran? … Na, weil die Merkel nur auf Platz eins war. Bei ihrer Beliebtheit hätte die doch Platz eins bis drei belegen müssen.

Aber der Sender hat ja Konsequenzen angekündigt … Nein, die Umfrage wird nicht wiederholt. Das ZDF macht weiter wie bisher, bekommt aber einen neuen Namen:

ZPF – Zentrales-Pinocchio-Fernsehen. Muttilein, da freue ich mich schon auf die neuen Werbespots, wenn sich die Promis dann in ihren orangenen Schalensitzen immer so rumdrehen, an ihrer Nase ziehen und sagen: »Mit dem Zweiten immer eine Nasenlänge voraus.«

## 2. AUGUST 2014

Muttilein, haste das gelesen? An der Börse gab es einen Einbruch.

Drei Streifen konnten ihn nicht verhindern … Nee, Muttilein, nicht drei Streifen von der Polizei. Die drei Streifen von Adidas meine ich. Deren Aktie ist um 15 Prozent gesunken. Gerade wurden die Dreistreifenhörnchen noch als Weltmeister gefeiert, und nun sind sie nicht mal mehr Platzwart. Das ist so ein Absturz. Und weeßte, wer daran schuld ist? Putin. Ja, Muttilein, da kann sein, was will, der ist schuld. Ob die Sonne lacht am Himmel – ob es aus den Wolken pullt – an allem ist der Putin schuld.

Weil der seine Russen nicht im Griff hat. Sagt Adidas … Nein, Muttilein, jetzt nicht die Russen in der Ostukraine. Die in Russland. Die hätten eine schlechte Kauflaune, heißt es. Deshalb musste Adidas geplante Geschäftseröffnungen in Russland verschieben.

Da kannste mal sehen, wie die neuen Sanktionen der EU schon greifen.

In die eigene Kasse.

Ist doch keine Wunder. Wenn der Westen in den Osten ruft: »Zieht euch warm an!«, da kauft der kluge Russe eben nicht mehr unseren dünnen Sportfummel, sondern lieber eine Tschapka mehr.

Und kauft der Russe nichts vom Westen –
steht's für die Wirtschaft nicht zum Besten.

Eigentlich war es ja andersherum gedacht:

Schicken nichts nach Russland wir –
geht in die Knie der Wladimir.

Aber was macht der? Er sendet uns heiße »Liebesgrüße aus Moskau«.

Was so viel heißt, wie: Er schreibt uns einfach eine höhere Gasrechnung. Da können wir uns dann im nächsten Winter drei Adidas-Trikots übereinander anziehen.

»Nein, nein, der Putin muss sich an Verträge halten«, wiegeln die Experten ab. Da siehste, Muttilein, was Experten sind: Menschen, die andere daran hindern sollen, ihren gesunden Menschenverstand zu gebrauchen. Warum sollte denn der Putin seine Verträge einhalten, wenn es die anderen auch nicht tun?

Und was macht Änschie in dieser Situation? Sie war wie immer auf der Höhe der Zeit. … Nein, Muttilein, nicht auf einem Gipfel. Die Höhe der Zeit ist ja zur Zeit nur ein Hügel. Der »Grüne Hügel«. In Bayreuth. Da war sie »Siegfried« gucken … Warum gerade Siegfried? … Na ja, wer das ganze Jahr immer nur den Sigmar um sich herum hat, der sehnt sich auch mal nach einem richtigen Helden.

Und gerade bei den Nibelungen kann sie sehr schön sehen, wie man sich mit Intrigen, falschen Beschuldigungen und Vertragsbrüchen nur selbst ins Knie fic… schießt.

Eigentlich müssten alle Politiker bei dem Geballere längst kriechen.

## 9. AUGUST 2014

Muttilein, jetzt boykottiert der Putin zurück.

Er nimmt uns kein Obst mehr ab. Jetzt können wir sehen, wie wir mit unseren Pflaumen alleine klarkommen. Den Käse, den wir machen, will er auch nicht mehr. Und die Fleischlieferungen aus der EU sind ihm auch Conchita. Also, Wurst.

Eselswurst und Zervelatwürste können die Russen nämlich jetzt selber herstellen. Hier, kannste lesen, Muttilein! Auf der Krim wurde jetzt ein Zebresel geboren …

Was das ist, ein Zebresel? Das ist eine Kreuzung aus Zebra und Esel.

Aus den Eselteilen machen die dann die Salami und aus dem Zebraanteil die Zervelatwurst.

Tja, Muttilein, ein Volk, das die Blockade von Leningrad überstanden hat, weiß sich schon zu helfen. Über Nacht haben die eine Lösung.

In Bayern dagegen experimentiert man schon seit dem 19. Jahrhundert mit Kreuzungen herum. Mit dem Wolpertinger – halb Hase, halb Rehbock oder was da sonst noch alles drin ist. Aber bis heute kein vorzeigbares Ergebnis.

Dafür gab es einen bedauerlichen Laborunfall, bei dem ist dann das Dobrindt entstanden. Eine Kreuzung aus Dobermann und Rind.

Und was kann diese Züchtung? Sie maut. Und zwar so laut, dass es schon Anzeigen von den Nachbarn gab, wegen europäischer Ruhestörung.

Nicht alle Kreuzungen führen eben zu einem Erfolg.

Erinnere dich mal, Muttilein, als der Honecker damals

keine Früchte aus dem Westen einführen wollte, da haben wir ja auch experimentiert. Da wurde der Apfel eben mit dem Kohlrabi gekreuzt. Und was kam raus? Die Kuba-Apfelsine.

Oder Zuckerrohr gemixt mit Zichorie wurde zu »Erichs Krönung«.

Weil wir gerade von Mischwesen reden, Muttilein, die sind ja schon in der Bibel erwähnt. Da heißen die Seraphe. Und weißte, wer der Anführer von denen ist? Gabriel. Unser Sozen-Siggi. Gloob's nur! Der ist bereits in der Bibel genau beschrieben: »… und siehe, da war ein Mann … und seine Hüften waren umgürtet mit Gold« … Hüftgold – sagt man ja heute dazu. »… und sein Gesicht wie das Aussehen eines Blitzes« … Eines Kugelblitzes genauer gesagt.

Und dieser Gabriel hat jetzt den Export eines Gefechtszentrums an Russland gestoppt, mit den Worten: »Es geht hier um Menschenleben und nicht um Geld.«

In Wahrheit ist aber das Zentrum schon in Betrieb. Muttilein, wennde das mal mit dem Verkauf eines Hauses vergleichst, ist da alles schon geliefert. Was jetzt nicht mehr geliefert wird, ist die Türklingel. Bildlich gesprochen.

Und deshalb hat der Blogger Daniel … äh, nee, damals hieß das ja noch Prophet … jedenfalls wurden die Worte Gabriels in der Bibel wie folgt bewertet: »… und seine Rede war ein großes Getöne.«

## 16. AUGUST 2014

So, Muttilein, kaum ist die Kanzlerin aus ihrem Urlaub wieder zurück, gab sie gleich dem Volk eins aufs Maul. Ein Trostpflaster.

Die Renten im Osten, hatse gesagt, sollen bis 2020 steigen. Auf Westniveau.

Dafür soll der Soli-Zuschlag fallen.

Aber nicht weg, sondern unter die Rubrik normale Steuer. Ja, Muttilein, das ist wie mit der Sektsteuer. Die wurde ja von Kaiser Willhelm II. anno dunnemals eingeführt, um seine Kriegsflotte zu bauen. Und obwohl die nach über 100 Jahren längst versunken ist, gibt's die Steuer immer noch. Was der Fiskus einmal in den Krallen hat, lässt er nicht wieder los. Deshalb ist es ja immer so ulkig, wenn Politiker uns was erzählen von zweckgebundener Steuer. Die flösse dann angeblich in die Bildung oder in die Sanierung von Straßen.

Wenn Politiker für solche Schlagworte eine Schlagwort-Steuer zahlen müssten, dann könnte man alle Schlaglöcher im Lande auf einmal stopfen und brauchte keine Maut. Damit sich der Staat aber seine leeren Kassen füllen kann, haut er uns die Taschen voll. Ich sage nur Erhöhung der Tabak-Steuer.

Damit sollte ja angeblich der Kampf gegen den Terrorismus finanziert werden.

Warum hat dann aber im gleichen Lungenzug die Regierung das Rauchen in Gaststätten und öffentlichen Räumen verboten?

Da musste dich doch nicht wundern, Muttilein, dass

die Welt bisher nicht sicherer geworden ist, wenn die Anti-Terrorkommandos jetzt alle bei strömendem Regen und klirrender Kälte ihren Kampf gegen den Terror vor den Häusern ausfechten und dadurch früher abnippeln. Zwar nicht mehr an Lungenkrebs, sondern an Lungenentzündung. Das schwächt die Anti-Terrorbewegung enorm. 3,9 Millionen Deutsche rauchen seitdem weniger. Ist die Bundesregierung gar ein Handlanger von ISIS?

Vor dem Rauchverbot kannte man ISIS höchstens als ägyptische Göttin der menschlichen Geburt und Wiedergeburt. Heute ist sie eine unmenschliche Ausgeburt, vor der sogar schon Bin Laden gewarnt hat. In einem Brief, der jetzt plötzlich aufgetaucht ist.

Hat da Obama womöglich den Falschen in die ewigen Jagdgründe geschickt?

Gestern Feind, heute Freund? Wie die Kurden. Deren Partei ist in Deutschland verboten, dafür sollen sie jetzt deutsche Waffen bekommen. Das wäre dann echte Waffengleichheit, sagt Steinmeier. Und da ist was dran.

Die Kurden kämpfen dann mit deutschen Waffen gegen die ISIS, die auch mit deutschen Waffen kämpft … Nein, Muttilein, ISIS hat die nicht über Heckler & Koch bezogen, sondern über Saudi-Arabien und Katar. Bei Heckler & Koch knallen trotzdem die Sektkorken, was wiederum mehr Sektsteuer in die Staatskasse spült; und davon wird dann 2020 die Rente im Osten angeglichen … Was sagste, Muttilein? … Für die Rente hatten 'se doch schon die Mineralölsteuer erhöht … Eben. Was denkst denn du, was so ein Panzer in der Wüste für Sprit verbraucht!

## 23. AUGUST 2014

Na, Muttilein, wie heißt es so schön: »Am Anfang war das Wort.«

Und zwar das vom lieben Gott, als er zu Adam und Eva sagte, dass sie ja nicht in den Apfel beißen sollen. Aber was machten die beiden Dödel?

Die fraßen den Paradiesapfel auf. Und damit ging die ganze Apfelkalypse los.

Die paradiesischen Zeiten waren vorbei, und seitdem gibt es auf der Welt nur noch Gezanke. Durch den Apfel. Daher ja auch der Begriff Zankapfel.

Nachdem sich beispielsweise Obama und Merkel über ihr Apple verständigt hatten, ab sofort keine Appel-Erzeugnisse mehr an Putin zu liefern, rief dieser zurück: »Ich lasse mich doch von euch nicht veräppeln. Ihr könnt eure Äppel von mir aus alle behalten!«

Damit hatten sie jetzt nicht gerechnet, dass der Putin den Apfelblütenstecher macht, also die ganze Apfelernte in Europa versaut. Da fingen die polnischen und deutschen Apfelbauern an bitterlich zu weinen. So entstanden Millionen Liter von Apfelwein.

Auch die Österreicher wurden in diesen Strudel mit hineingezogen, in den Apfelstrudel. Das Geschäft mit den Äpfeln war plötzlich Essig. Apfelessig.

Und nun sattelten die Apfelspinner, also die Beamten in Brüssel, ihre Bürohengste – in diesem Falle Apfelschimmel, ritten über die Apfelplantagen und sagten zu den Apfelbauern, sie sollten gefälligst in der eigenen Bevölkerung den Apfeltit auf Äpfel wecken. Jeder müsse jetzt seine Zähne zeigen und in den sauren Apfel beißen. Nur so könne man Putin in die Knie zwingen. In Polen machten sich die Apfelbauern dadurch zum Obst, in dem sie ihre Äpfel sofort umtauften in »Putinki« und sie mit der Aufforderung verteilten: »Jeder Biss macht Putin Schiss.«

In Deutschland dagegen versucht man der Apfelkrise dadurch zu begegnen, dass der Reichsapfeltag in Berlin seinen Augapfel auf einen neuen Apfelmarkt richtete.

Die Apfelwickler Frank-Walter Gravensteiner und Wolfgang Boskoop sagten, es gäbe nur eine Sorte, die sich gewinnbringend exportieren ließe: Granatäpfel.

Der Äpfelanbaubetrieb Äppler & Koch hat bereits reagiert. So soll in Kürze die bisherige Sorte »Gelber Köstlicher« im Irak als »Köstlicher Nahöstlicher« verkauft werden. Er zeichnet sich aus durch seine harte Schale und ein kerniges Gehäuse. Eine reine Vitaminbombe … Was sagste, Muttilein? … Wenn dieser Apfel in der Welt nicht so einschlägt, wie gedacht? … Dann, hamse gesagt, machen wir sie einfach zu Mus.

Ich weiß bloß nicht, ob damit die Granatäpfel gemeint waren oder die Welt.

## 30. AUGUST 2014

Muttilein, das Sprichwort sagt: Der Mensch soll die Feste feiern, wie sie fallen. Und da zur Zeit überall Menschen feste fallen, feiert sich am Sonntag die Bundesregierung. Genauer gesagt, sie bildet einen Kreis. Einen Gesprächskreis. In dessen Mittelpunkt steht Änschie und spielt auf ihrer Blockflöte. Alle anderen tanzen nach dieser Pfeife und singen: »Morgen, Kurden wird's was geben. Morgen werdet ihr euch freun« … Was sagste Muttilein? … »Weihnachtslied zur falschen Zeit, bringt Kummer dir und Herzeleid« … Na, wieso? Am Sonntag ist ja so gesehen Weihnachten … Was heißt, das ist zu früh? In diesem Jahr ist doch alles früher. Der Frühling war früher, der Sommer war früher, der Herbst ist auch früher. Da brauchste doch bloß mal aus dem Fenster zu gucken. Da ist eben Weihnachten auch früher. Jedenfalls für die Kurden.

Die kriegen jetzt schon ihre Geschenke gepackt. Nein, Muttilein, die Bundesregierung will für die Kurden keine Waffeln backen, sondern Waffen packen.

Damit sollen die dann den ISIS-Terroristen eins auf die Waffel geben … Was sagste? … Die Kurden stehen doch in Deutschland selber auf der Terrorliste … Äh, ja, das stimmt schon. Das hängt damit zusammen, dass die ihren eigenen Staat haben wollen, was aber der NATO-Partner Türkei nicht will. Darum wurde die Türkei Mitte der neunziger Jahre vom NATO-Partner BRD im Kampf gegen die Kurden unterstützt mit Tee-Lieferungen: T-54, T-55 aus den Beständen der NVA, weil es die ja nicht mehr gab. Aber im Moment sind die Kurden eben die besseren Terroristen – also gutere … ich meine, Muttilein, das musste dir so vorstellen wie mit den Taliban. Bloß umgekehrt. Die waren erst gut, als sie noch gegen die Sowjetunion gekämpft haben, sind aber jetzt schlecht, weil sie gegen den Westen kämpfen … Ja, Muttilein, das ist schwer zu verstehen. Deshalb nennt man das ja auch Politik.

Vielleicht sollte unsere Regierung täglich eine Liste veröffentlichen, wer gerade Freund und wer Feind ist? So wie beim DAX. Da wird ja auch immer vor der »Tagesschau« der aktuelle Stand bekannt gegeben.

Muttilein, weil man nie weiß, wie sich was entwickeln wird, sind ja auch 80 Prozent der Bevölkerung gegen die Waffenlieferung und nur eine Minderheit ist dafür. Die Bundesregierung. Siehste; und genau das ist eben Demokratie. Da kann auch eine Minderheit machen, was sie will. Im Gegensatz zum Kalifat, das die ISIS-Terrorgruppen errichten wollen. Da werden die Rechte von Minderheiten mit Füßen getreten.

## 6. SEPTEMBER 2014

Muttilein, am 1. September 1939 überfiel Deutschland Polen, indem die »Schleswig-Holstein« ihre Geschosse auf die Westerplatte abfeuerte. Auf den Tag genau 75 Jahre später schlug auf der Westerplatte ein Geschoss aus »Mecklenburg-Vorpommern« ein. Ein Dum-Dum-Geschoss. Joachim Gauck … Was sagste, Muttilein? … Das war eine Beleidigung … Moment! Bevor ich so etwas sage, habe ich mich schon sachkundig gemacht!

Ein Dum-Dum-Geschoss ist »ein Projektil, das nicht vollständig von seinem Mantelmaterial umhüllt ist, sondern im Bereich der Geschossspitze frei liegt, was nach seinem Eindringen in sein Ziel zu einer gewünschten Deformierung führt«.

Genau so funktioniert der Gauck auch. Er ist nicht vollständig in das Mantelmaterial eingehüllt. In seinem Fall den Mantel der Geschichte. Seine Geschossspitze, also sein Kopf, ist völlig frei von geschichtlichen Zusammenhängen; und das, was aus ihm rauskommt, führt nach dem Eindringen in unser Gehirn zu einer gewünschten Deformierung: Der böse Russe!

Schon allein wie er durch das Spalier der polnischen Soldaten schritt … Nicht der Russe, Muttilein, der Gauck!

So wie August der Starke, als er zum polnischen König gekrönt wurde.

Nur, das August damals auf einem Pferd saß, während Gauck neben seiner Stute … Lebensgefährtin herlief. Und dieser dahergelaufene Deutsche verliert dann auch kein Wort über 30 Millionen Opfer der sowjetischen Völker im Zweiten Weltkrieg.

Dafür sagt er: »Von jetzt an wird zurückgeschossen.« Gut, ganz so hat er es nicht formuliert, aber seine Worte: »Europa muss sich dem russischen Machtstreben entschlossen entgegenstellen«, laufen doch darauf hinaus. Dass sich aber Russland nur dem Machtstreben Europas und der NATO entgegenstellt, das spielt für Gauck keine Rolle. Genauso wenig wie für den NATO-Generalsekretär Hassmussen … Was sagste, Muttilein? … Rasmussen heißt der. Siehste, damit ihm so ein Versprecher nicht auch passiert, hat ihn Richard David Precht bei »Maybrit Illner« der Einfachheit halber gleich »Knalltüte« genannt. Und diese will jetzt eine schnelle Eingreiftruppe gegen Russland gründen. Selbst Harald Kujat sagte in der Sendung: »Einen Beweis dafür, dass Russland mit regulären Streitkräften in der Ukraine interveniert hat, habe ich noch nicht gesehen.« Deshalb war ja hinter Kujats Berufsbezeichnung auch zu lesen: Bundeswehrgeneral a.D. – am Denken.

Schön wär's, wenn so was bei Gauck auch zu lesen wäre: Bundespräsident a.D. – außer Dienst.

Na, ist doch wahr, Muttilein! Willy Brandt ist seinerzeit im Gedenken an die Opfer in Polen einfach auf die Knie gefallen. Joachim Gauck dagegen nur auf'n … Nee, ich sag's anders: Die Bilder von Brandt gingen um die Welt. Die Worte von Gauck nur in die Hose.

## 13. SEPTEMBER 2014

Muttilein, wer zu spät kommt, den bestraft das Leben.

Das hat sich ja schon mal bewahrheitet. Aber der Bundestag hat offensichtlich nüscht daraus gelernt. Erst am 10. September hat der des 75. Jahrestages des Beginns des Zweiten Weltkriegs gedacht. Wobei, »gedacht« ist jetzt eine Unterstellung meinerseits.

Darüber geredet haben die Politiker.

Wenn sie wirklich gedacht hätten, dann wäre ihnen ja eingefallen, dass die Wehrmacht schon am 1. September eingefallen ist. In Polen. Aber am 1. September hatten sie ja keine Zeit, an den Zweiten Weltkrieg zu denken, weil ihre Gedanken offenbar schon beim Dritten waren.

Ja, ist doch wahr Muttilein! Ausgerechnet am Weltfriedenstag durfte der Bundestag den Waffenlieferungen an die Kurden, welche die Regierung schon beschlossen hatte, zustimmen … Nein, Muttilein, nicht abstimmen, nur zustimmen! … Was sagste? … Das sind Verhältnisse wie in der Volkskammer … Kammer so sagen.

Erst machen die Politiker die Hände hoch und dann das Volk den Arsch … ’tschuldigung, Muttilein, aber ich weiß nicht, wie ich das anders ausdrücken soll.

Was hier los ist, geht doch auf keine Kuhhaut. Erst hamse Sanktionen gegen Russland beschlossen, damit in der Ostukraine Waffenruhe einkehrt. Jetzt hat Putin dafür gesorgt, dass da relative Ruhe im Karton ist, aber anstatt dass da einer mal »Danke!« sagt, beschließen NATO und EU noch schärfere Sanktionen.

Dabei gingen schon die ersten statt für Putin eher für uns in die Äppel, von denen wir jetzt so viel fressen sollen, dass man kotzen muss, wenn man hört, was dazu beim Landwirtschaftsminister aus der Birne kam: »One Appel a day keeps Putin away.«

Auf deutsch: Friss Äppel samt Kern, das hält Putin fern.

Das hilft wie Knoblauch gegen Vampire.

Mit den neuen Sanktionen soll es nun sogar Gazprom an den Gashahn gehen, an dem aber eigentlich Putin sitzt. Wenn der den zudreht, was kommt denn dann für ein Spruch? »Frieren wir uns ab den Arsch, setzt sich Putin nicht in Marsch«? …

Was sagste, Muttilein? … Und wenn er dann doch kommt, weil wir ihn immer mehr reizen? … Dann kommt er trotzdem nicht über unsere Grenze. Dank Alexander dem Großen. Also, Dobrindt und seiner Maut. Ohne Vignette dürfen die russischen Panzer nämlich nicht auf deutsche Straßen.

Da aber die EU Russland den Geldhahn zugedreht hat, fehlt Putin das Geld, um Vignetten zu kaufen und er muss bedröppelt wieder umkehren.

Muttilein, da kannste doch nur noch Einstein zitieren: »Zwei Dinge sind unendlich. Das Universum und die menschliche Dummheit, aber beim Universum bin ich mir noch nicht ganz sicher.«

## 20. SEPTEMBER 2014

Muttilein, unsere Polizisten sind zu klug. Sie haben als Einzige die landesweite Abzockaktion, die am Donnerstag lief, als das durchschaut, was sie war. Eine Abzockaktion.

Innenminister Stahlknecht behauptete zwar steif und fest, der Blitzer-Marathon wäre Verkehrserziehung, aber die Gewerkschaft der Polizei bezeichnete das schon im Vorfeld als Quatsch mit Soße, denn Erziehung sei schließlich kontinuierliche Arbeit.

Die könne die Polizei aber gar nicht leisten, weil Stahlknecht immer mehr Polizisten streicht … Was sagste, Muttilein? … Die Polizisten sind doch erst gestrichen worden. Von grün auf blau … Nee, Muttilein, das ist jetzt nicht witzig. Die Stellen der Polizisten werden gestrichen – durch, weg … Also, durchweg gibt es zu wenig Polizisten.

Und deshalb hatte die Gewerkschaft der Polizei ihren Kollegen geraten, bei dem Geblitze den Ermessensspielraum, den das Gesetz bietet, auszuschöpfen und die Autofahrer nur kostenfrei zu verwarnen. Zitat: »Wenn die Landesregierung schon uns in die Tasche greift, müssen wir nicht noch den Bürgern in die Tasche greifen.«

Hier wurde es Wirklichkeit: Die Polizei – dein Freund und Helfer. Da hat dann auch der Innenminister Stahlknecht gesagt: »Euch werde ich schon helfen, euch Polizisten! Von wegen Gesetzestexte lesen und so schwere Wörter kennen wie Ermessensspielraum. Damit ist jetzt Schluss!« Deshalb sollen ab sofort auch Schüler mit schlechten Zeugnissen Karriere bei der Polizei in Sachsen-Anhalt machen können. Unter dem Motto:

»Lesen 6 ist kein Problem –
Stahlknecht tut dich gerne nehm.«

Oder:

»Kannst du nicht bis dreie zählen –
Polizeiberuf erwählen.«

Der Einzige, der künftig noch einen Schulabschluss braucht, ist der Polizeihund.

Nehmen wir mal an, Muttilein, auf dem Revier geht ein Anruf ein: Einbruch im Breiten Weg 8! Gut, unter einem breiten Weg kann sich der künftige Polizist vielleicht noch etwas vorstellen. Aber was ist eine 8? Der Revierleiter erklärt: »Eine 8 sieht aus wie eine Null mit Gürtel.« Zur Sicherheit macht er eine Zeichnung. Der Polizist macht los. Er kommt in den Breiten Weg, hält aber den

Zettel verkehrt rum, so dass die 8 quer liegt. So ein Zeichen sieht er aber an keinem Haus. Da zeigt er den Zettel dem Hund. Der guckt drauf, bellt achtmal und setzt sich vor den entsprechenden Eingang. Durch das Gebelle sind zwar die Einbrecher weg, aber der Polizist hat wenigstens den Tatort gefunden. Was einer Aufklärungsquote von 50 Prozent entspräche. Zur Zeit liegt sie nur bei 29,5 Prozent.

Deshalb denkt die CDU jetzt auch darüber nach, kleine Grundschulen in Sachsen-Anhalt doch nicht wie geplant zu schließen, was die SPD mächtig aufregt. Aber keine Sorge, Genossen, Stahlknechts Partei will die Grundschulen nur umwandeln. In Hundeschulen. Für die Führungskräfte von morgen.

## 27. SEPTEMBER 2014

Muttilein, es hat sich ja bisher immer als richtig erwiesen, dass es falsch ist, was im Namen der Parteien steht. Die CDU ist nicht christlich, die SPD nicht sozial, und bei der FDP ist das Wort Partei falsch. Die ist nur noch ein Furz in der Weltgeschichte, wie mal ein Wirtschaftsminister in Sachsen-Anhalt formulierte … Was sagste, Muttilein? … Damit meinte der Schucht damals nicht die FDP, sondern Buna … Ja, ich weiß, aber vom Gestank kommt's schon hin. Ein Furz, Muttilein, ist doch aus medizinischer Sicht nur ein Hinweis auf einen Verwesungsprozess. Und das trifft ja auf die FDP zu. Die ist bei den Wahlen in Thüringen und Brandenburg so was von abgestunken.

Eigentlich gibt es nur eine Partei, die auch wirklich das macht, was ihr Name verspricht: Die LINKEN. Bestes Beispiel dafür ist Bodo Ramelow. Der ist gerade dabei, seine Wähler zu linken. Jedenfalls die, die bisher immer dachten, die DDR wäre kein Unrechtsstaat. Denen blieb förmlich der Thüringer Kloß im Halse stecken, weil der Bodo genau das jetzt behauptet. Um Ministerpräsident in Thüringen zu werden, baggert er wie Bodo mit dem Bagger an der SPD und den Grünen herum. Dabei bedient er alle Vorurteile, wie Prinzipien für die Macht geopfert werden. Da könnte Mike Krüger jetzt glatt singen:

Wer baggert früh bis spät da am Baggerloch?
Bodo baggert in die Staatskanzlei ein Einstiegsloch.
Da baggert der Bodo bis zum Hirninfarkt.
Geht's auch in die Hosen, sagt Gysi: »Es harkt!«
Die Basis, sie schreit: »Hey, was soll denn der Mist?«
Doch Bodo sagt nur: »Mein Programm ist Staats-
kanzlist.«

Da hat er aber die Rechnung ohne die SPD gemacht. Gabriel hat seiner Partei schon vor der Wahl geraten: Lieber Knecht bei Lieberknecht, als Piccolo bei Ramelow. Und auch die Kanzlerin hat in Apolda schon den Ramelow an die Wand gemalt: »Da soll jetzt der Karl Marx in die Staatskanzlei getragen werden.« Wobei Marx da gar nicht reingehen würde. Der hätte ja auch Probleme mit dem, was in Thüringen gemacht wird.

Schon 1875 hat er am »Gothaer Programm« kritisiert. »Jeder Schritt wirklicher Bewegung ist wichtiger als ein Dutzend Programme«, schrieb er in einem Brief an Bracke. Wer aber mit aller Macht nur auf einem Ministersessel sitzen will, kann keinen Schritt Bewegung mehr machen … Nein, Muttilein, das sagt nicht Marx zu Bracke. Das sage ich zu Ramelow. Das ist Kacke.

## 4. OKTOBER 2014

Muttilein, 100 Jahre nach dem Beginn des Ersten Weltkrieges und 69 Jahre nach dem Ende des Zweiten werden endlich die ersten Lehren aus dem Wahnsinn gezogen.

Wir lassen uns nicht mehr abschießen für machtgeile Regierungen.

Wir wollen nicht irgendwo auf fremder Erde verrotten für dubiose Mächte. Nicht mit uns!

Unter dem Motto »Frieden schaffen ohne uns Waffen« verweigern immer mehr von ihnen den Dienst bei der Bundeswehr. Hubschrauber wollen nicht mehr aufsteigen. Sie müssen dazu zwangsweise an Gurten zum Fliegen getragen werden. Auch die G-36 Sturmgewehre weigern sich in der Hitze des Gefechts noch zu treffen und warnen ihre Benutzer: »Achtung, bei starker Sonneneinstrahlung und Dauerfeuer verziehen wir uns.« Dieser Aktion schließen sich die Pistolen vom Typ P8 an. Sie ließen verlauten: »Bevor unseren Schützen der Arsch aufgerissen wird, reißen wir uns lieber selber den Lauf auf.« Selbst die dicken

»Transall«-Transportmaschinen sind beeindruckt von der Haltung ihrer Waffenbrüder und treten in den Streik. Eine ganz mutige erhob sich gar nicht erst vom Boden, als sie Tötungsmittel in den Irak transportieren sollte.

Dafür sollte dann als Streikbrecherin eine Maschine der niederländischen Armee herhalten. Unsere Kriegsministerin machte ihrem Namen alle Ehre und wollte sich eine von der leihen. Aber auch das schlug fehl, da sich die niederländische Maschine ebenfalls verweigerte. Sie hatte Vögel im Triebwerk. Wahrscheinlich Friedenstauben.

Begeistert von dieser Solidarität wurde auch eine andere deutsche Transall-Maschine mutiger. Sie tat zwar so, als würde sie acht Soldaten der Bundeswehr in den Irak fliegen, blieb aber in Bulgarien stecken. So kamen weder Soldaten noch Waffen da an, wo sie hin sollten. Stell dir vor, es ist Krieg und keiner kommt an.

Wenn es schon nicht die Menschen sind, die das Töten stoppen, dann wollen wenigstens die Waffen ein Zeichen setzen. Deshalb spricht man ja auch von intelligenten Waffen. Ich sage dir, Muttilein, wenn der Poroschenko in der Ukraine sieht, wie es um die Einsatzfähigkeit der NATO bestellt ist, merkt er vielleicht, dass es doch klüger wäre, mit Russland Frieden zu schließen.

Unsere Flinten-Uschi scheint schon ins Grübeln gekommen zu sein und will die Arbeitszeit der Soldaten auf 41 Wochenstunden verkürzen. Kürzere Arbeitszeit – kürzere Kriege. Da kann viel Leid verhindert werden. Überlege doch mal Muttilein, wenn da schon früher einer draufgekommen wäre, dann hätte der Dreißigjährige Krieg vielleicht nur 25 Jahre gedauert.

## 11. OKTOBER 2014

Muttilein, in diesem Monat ist ja nun alles durcheinander! Am 3. Oktober wurde das Begräbnis gefeiert von etwas, was erst am 7. Oktober geboren wurde. Der Tod der DDR kam vor ihrem Geburtstag … Was sagste, Muttilein? … Daran ist die Kirche schuld … Wieso? … Ach, du meinst, weil da wird auch erst der Tod von Jesus gefeiert und danach seine Geburt … Jetzt, wo du's sagst, Muttilein, fällt mir das auch auf. Ostern ist immer schon im Frühjahr und Weihnachten erst im Dezember. Und die Kirchen haben ja auch maßgeblichen Anteil daran gehabt, dass die DDR begraben wurde. Jeden Montag wurde in ihnen gebetet:

»Großer Gott, wir loben dich.
Herr, wir preisen deine Stärke.
Vor dir neigt die Herde sich,
wenn zertreten Erichs Zwerge.
Rufen dir stets ohne Ruh:
Helmut, Helmut, Helmut! zu.«

Und dann hat Gott sich aufgemacht aus Oggersheim und wie Godzilla die Mauer umgeschubbt … Was sagste? … Das ist Kohl … Eben. Und der hat es doch mittlerweile im Koppe. Also, dass es so war, meine ich. Und da ist er nicht der Einzige.

Der sächsische Ministerpräsident Tillich begrüßte am 9. Oktober beim Lichtfest in Leipzig, als an die Montagsdemonstration 1989 erinnert wurde, den Genscher als »Helmut«. Obwohl der ja Hans-Dietrich heißt. Da hat der nun schon extra das Werkzeug im Namen, mit dem er in der Prager Botschaft die Türen zum Westen geöffnet hat – den Dietrich. Aber nein, alles ist Kohl. Die ganze Einheit. Mein lieber Schwan!

Der hat den ganzen Kohl auf Tonband, der Heribert Schwan. Und da erzählt Helmut, wie es wirklich war: Gorbi hat in seine Bücher geguckt und gemerkt: »Huch, ich bin pleite.« Und dann hätte er zu Helmut gesagt: »Nimm doch den Bimbes.«

Dass die Bürger in der DDR die Wende auf der Straße herbeigeführt hätten, wäre dem »Volkshochschulhirn« von Thierse entsprungen. Gut, im Gegensatz zu Kohl scheint der noch eins zu haben.

Weeßte, Muttilein, wenn ich das höre, da ist es fast schade, dass die DDR ihren 65. Geburtstag nicht mehr erlebt hat. Seit Dienstag hätte sie auch in den Westen fahren dürfen und sich für 17 Millionen das Begrüßungsgeld abholen können. Davon hätte sie dann ihre Schulden auf einen Schlag abbezahlt … Ja, Muttilein, das ist genauso ein Kohl wie der, den Helmut erzählt. Wobei er in einem aber Recht zu haben scheint:

Die Merkeln kann nicht mit Messer und Gabel essen. Das würde zumindest erklären, warum sie uns immer nur über den Löffel balbiert.

## 18. OKTOBER 2014

Muttilein, heute stelle mor uns mal janz dumm und frachen: »Wat is en Unrechtsstaat?« Bloß wen? Der wissenschaftliche Dienst des Bundestages weeßes schon mal nicht. »Eine wissenschaftlich haltbare Definition des Begriffs ›Unrechtsstaat‹ gibt es weder in der Rechtswissenschaft noch in den Sozial- und Geisteswissenschaften.« Das sagt ausgerechnet der Bundestag, in dem das Wort am häufigsten fällt.

Gehen wir deshalb einfach mal vom Wort aus, Muttilein.

Die Vorsilbe »un« sagt ja, das es etwas nicht ist.

Unheilig ist eben nicht heilig, sondern eine Band.

Unbillig ist eben nicht billig, sondern der Magdeburger City-Tunnel.

Unfertig ist nicht fertig, sondern der Berliner Flughafen.

Und ein Unrechtsstaat wäre dann ein Staat, der nicht rechts ist.

Aber nu gugge mal hier auf die Landkarte! ... Ja, Muttilein, das ist mein alter Schulatlas. Ich habe den mal rausgekramt, weil da noch beide Deutschländer drauf sind. Und da liegt die DDR eindeutig rechts von der BRD. Wenn die ein Unrechtsstaat wäre, also ein nicht rechter Staat, müsste die ja links von der BRD liegen.

Also nach geografischen Gesichtspunkten macht der Begriff Unrechtsstaat auch keinen Sinn. Und wenn was keinen Sinn macht, ist das Politik.

Und Politik ist ja, wenn man immer der Gegenpartei die Schuld gibt.

George Bernard Shaw sagt: »Politik ist das Paradies zungenfertiger Schwätzer.« Wenn heute behauptet wird, die Volkskammer war nur eine Turngruppe, die auf Kommando des Vorturners die Arme in die Höhe reckte, stimmt das.

Aber warum übernimmt man dann gerade diese Übung im Bundestag?

Na ja, Muttilein, über die Waffenlieferungen durften die Abgeordneten auch nur zustimmen und nicht abstimmen.

Oder nimm Vera Lengsfeld! Die hat in der DDR gesessen, weil sie für Meinungsfreiheit auf der Straße stand. Jetzt stehen Leute vor Gericht, weil sie auf der Straße gesessen haben – gegen Nazis. Was ist nun Recht und was Unrecht?

In der Politik geht es nicht darum, »recht zu haben, sondern recht zu behalten«, sagte Konrad Adenauer. Und der war studierter Rechtsgelehrter. Genauso wie Kohl.

Gut, die DDR hatte keine Juristen an der Spitze. Ulbricht war Tischler, versuchte sich dann auch noch als Maurer; und Honecker war zwar Dachdecker, arbeitete aber mehr als Abdecker und hinterließ sein Land mit einem Dachschaden.

Trotzdem gab es in der DDR auch Recht, so wie es in der BRD auch Unrecht gibt.

Den Grund kannte schon Bismarck: »Macht geht vor Recht.« Und deshalb sage ich dir, Muttilein, das Klügste, das bisher zu diesem Rechtsstreit gesagt wurde, stammt von Kurt Tucholsky: »Streitende sollen wissen, dass nie der eine ganz recht hat und der andere ganz unrecht.«

## 25. OKTOBER 2014

Muttilein, unsere Ostukraine heißt jetzt Thüringen. Dort will der Separatistenführer Ramelow … Schon der Name sagt ja alles: Ramelow! Namen mit der Endsilbe »ow« sind immer gefährlich. Nicht umsonst heißt der Separatistenführer in der Ostukraine Strelkow. Was auf Deutsch so viel heißt wie: der Schießende. Ramelow hieße dann folgerichtig übersetzt: der Rammelnde.

Naja, Muttilein, der will doch jetzt mit aller Macht in die Erfurter Staatskanzlei reinrammeln. Die Medien warnen eindringlich davor unter dem Motto: Strelkow – Ramelow – von da ist es nicht mehr weit bis zu Molotow und Lenin, der ja heimtückischerweise eigentlich Uljanow hieß. Und wo das hinführt, ist ja bekannt.

Der »Grüne« Werner Schulz hat diese Machenschaften entlarvt und prophezeite deshalb bei Maybrit Illner, dass Thüringen mit dem roten Rammler sein blaues Wunder erleben werde. Der Landstrich zwischen Nordhausen, Kaltennordheim und Greiz wird zum Bermudadreieck für Freiheit und Demokratie. Wahrscheinlich werden dann in Weimar Goethe und Schiller von ihrem Denkmalsockel gestürzt. Dafür sollen dann Marx und Engels vor dem Nationaltheater stehen.

Na, Muttilein, genauso stellen es doch jetzt alle dar. Eine Kulturrevolution, wie zu Maos Zeiten, wird sich über Thüringen wälzen. Deshalb hat der bildende Künstler Herbert Fell bereits angekündigt: »Wenn Ramelow regiert, wandert meine Skulptur aus«.

Er will sein Einheitsdenkmal in Einödhausen schnell

noch vom Thüringer Boden über die bayrische Grenze verschieben.

»Recht so«, äußerten sich bereits stramme Kulturbolschewiken auf Facebook und Twitter: »Wir helfen dir, den Schrott auszugraben.«

Ein Dekret über die Sprache verbietet künftig den Thüringern, die westlichen Dialekte Oberfränkisch und Osthessisch zu sprechen. Zur einheitlichen Landessprache wird das Rhöner Platt erhoben.

In Eisenach steht die Enteignung der Opel-Werke kurz bevor. Dafür wird dann dort wieder der »Wartburg« produziert.

Die NSA soll dem BND gesteckt haben, dass bereits für den 21. und 22. April 2015 der Parteitag für die Zwangsvereinigung der SPD mit der LINKEN in Suhl geplant wird. Die neue Partei nennt sich dann, nach ihrem Tagungsort SED: Suhler Einheitspartei Dhüringens.

Das Sehen der Programme von ARD und ZDF wird unter Strafe gestellt. Scheinheilig wird den Thüringern vorgegaukelt, sie könnten aber immer noch zwischen drei Programmen wählen: dem »Gothaer Programm«, dem »Eisenacher« und dem »Erfurter Programm«. Allerdings nur in russischer Sprache mit deutschen Untertiteln.

Die CDU hat darum schon ihre Plakate von 1953 wieder hervorgeholt: »Alle Wege des Marxismus führen nach Moskau«. Auf dem Thüringer Maidan, also dem Erfurter Domplatz, fordert sie: »Regierungsrecht für Lieberknecht.« Und zwar lebenslänglich.

Obama wurde bereits um Luftangriffe gebeten. Er ließ aber ausrichten, er könne gegen die im tiefen, dunklen

Thüringer Wald agierenden Ilmenau-Sonneberger-Inselsberg-Sömmerdaer – kurz ISIS-Truppen – Ramelows nichts ausrichten, zumal diese noch von der RAF, der Rudolstadt-Apoldaer-Freischar unterstützt werden.

Die EU will nun mit einem Weihnachtsbaumkugelembargo versuchen, Ramelow wirtschaftlich in die Knie zu zwingen. Seine Antwort ist jedoch ein Exportverbot für Thüringer Rostbratwürste. Kurz und gut, Muttilein, in Thüringen geht es um die Wurst.

Und jeder gibt seinen Senf dazu.

## 1. NOVEMBER 2014

Muttilein, in dieser Woche hatten es die Ossis gut. Na, gestern war doch Reformationstag. Der war ja nur im Osten ein Feiertag.

Mit Reformen hamses im Westen nämlich nicht so. Da ist alles heilig. Deshalb feiert man da lieber heute »Allerheiligen.« Aber im Osten wurde eben schon immer eine Reform nach der anderen gemacht. Ich sage nur Bodenreform, Währungsreform, Schulreform. In Magdeburg heißt sogar ein ganzer Stadtteil »Reform« … Und so ist es kein Wunder, Muttilein, dass das erste Reformhaus Deutschlands im Osten steht: Die Schlosskirche in Wittenberg. Da hat der Luther 1517 seine 95 Reformvorschläge drangenagelt. Damals gab es ja noch kein Fernsehen. Und das war auch gut so.

Da musste jeder, der lesen konnte, lesen, was da wirklich stand. Dadurch wurden Luthers Reformen auch buchstabengetreu umgesetzt. 472 Jahre später gab es dann das Fernsehen. Deshalb dachte Egon Krenz, er könnte seine Reformen zum Reisegesetz dadurch bekannt machen, in dem er dem Schabowski die Thesen in die Hand drückt, damit der die vor der Kamera verliest. Er hatte aber nicht damit gerechnet, dass Schabowskis Lesekompetenz nur für einen hinteren Platz in der Pisa-Studie reichte. Dadurch ging 1989 unerwartet die Grenze auf.

Obwohl, Muttilein, gerade das ja auch im Wesen einer Reform liegt, dass Grenzen überwunden werden. Denke mal an die Reform der Bundeswehr. Da sollen ja jetzt auch Grenzen überwunden werden … Nee, Muttilein, nicht nur die von Ländern, auch die der Attraktivität. Vor allem für die Frauen. Die Thesen, welche die Flinten-Uschi dafür angeschlagen hat, lauten ungefähr so:

»Klemmt im Gefecht auch das Gewehr, macht doch das Outfit etwas her.«

»Mit High-Heels und in Prada - marschiert unsre Armada.«

»Liegst du dann tot einst auf der Bahre – macht Udo Waltz dir noch die Haare.«

Außerdem sollen noch die Renten für Zeitsoldaten erhöht werden und die Beförderungschancen steigen … Was sagste, Muttilein? … Das kostet doch Unsummen … Eben nicht! Mit größeren Beförderungschancen ist ja nicht ein höherer Dienstgrad gemeint, sondern die Chance, in mehr Kriegsgebiete befördert zu werden. Das hilft dann wiederum, die höhere Rente einzusparen, denn in mehr Kriegen kommen ja auch mehr um. Umfinanzierung nennt man das … Was sagste, Muttilein? … Das ist alles so gruslig? Genau! Aber das kommt eben davon, dass der 31. Oktober mittlerweile für die meisten vom Reformationstag zum Halloween mutiert ist. Zu einem Tag, an dem man nicht den klugen Kopf eines Luthers feiert, sondern nur den hohlen eines Kürbisses.

## 8. NOVEMBER 2014

Muttilein, diese Woche war wieder geprägt vom Widerstand.

Wieder stand alles. Bei der Bahn.

Wer irgendwo hinwollte, wachte bereits mitten in der Nacht schweißgebadet auf und machte sich Gedanken über seinen Weg. Nicht nur über den Hinweg, sondern auch über den Herwegh. Georg Herwegh meine ich, Muttilein. Der schrieb schon 1863, als die Bahn noch nicht einmal Bundesbahn hieß, sein »Bundeslied«. Als hätte er gewusst, was 2014 in der Bundesrepublik los ist:

»Mann der Arbeit aufgewacht!
Nimm dir ein Pferd oder 'ne Yacht.
Alle Räder stehen still.
Wenn die GDL es will.«

Und die steht ja im Moment wieder am Pranger. Kritik hagelte es selbst von anderen Gewerkschaften. Was die GDL täte, wäre unmenschlich, sagt z. B. die GDS, die

Gewerkschaft deutscher Selbstmörder. Ihre Mitglieder würden sich jetzt vergeblich auf die Schienen legen. Durch das Ausbleiben jeglicher Züge würden sie dann qualvoll verhungern und verdursten. Das verstieße eindeutig gegen die Menschenrechtskonvention. Als Rädelsführer, oder in diesem Falle besser gesagt Rädelbremser, wird uns immer wieder Claus Weselsky vorgeführt. Da er sich bei den Bossen der Bahn nicht lieb Knecht machen will, macht man ihn nun eben zum Liebknecht … Was das heißt? … Muttilein, man gibt ihn als obersten »Lok-Vogel« zum Abschuss frei. Wenn bei der Bahn schon die Räder nicht rollen, dann wenigstens sein Kopf.

Nun sind aber im Moment die Spezialisten für rollende Köpfe schon bei den ISIS-Truppen und haben da alle Hände voll zu tun. Deshalb versucht man, Weselsky auf andere Weise in den »Focus« zu bringen. Dieses Hinrichtungsmagazin … Nein, Muttilein nicht Nachrichtenmagazin. Hinrichtungsmagazin ist schon richtig. Es lässt unsere Blicke hin richten auf die Privatsphäre des GDL-Chefs. Unter dem Motto: »Wir wissen, wo du wohnst« oder »Bei Anruf Mord« wurden bereits seine Haus- und seine Telefonnummer veröffentlicht. Da er aber dummerweise nicht mit einer pompösen Villa aufwarten kann, sondern nur mit einem Altbaumietshaus, heißt es, er »wohnt versteckt hinter einer Fassade«. Und wenn das noch keinen Keil in das Streikrecht treibt, wird eben noch »enthüllt«, dass er doppelt so viel verdient wie ein Lokführer.

Ja, Muttilein, gerade das will er doch aber verändern. Dass aber der Bahnchef Grube, der in seiner Arbeitszeit am liebsten Bahnhöfe versenken spielt, mehr als das 70-fache eines Lokführers einstreicht und daran nichts ändern will, das schreibt keiner.

Obwohl Deutschland vereint ist, gilt schon wieder: Teile und herrsche.

## 15. NOVEMBER 2014

Muttilein, es ist schon interessant, wer alles im Bundestag reden darf.

Vom Staatsmann über den Kirchenmann bis hin zum Biermann.

Der war das Letzte. Also, er bildete den Abschluss von dem ganzen Geseiere … Gefeiere zum 9. November.

»Och«, hatte sich die Änschie wohl gedacht, »zur Feier des Tages könnte ich ja auch mal einen ausgeben.« Da hat die dann zum Lammert gesagt: »Norbert, du bist ja hier sozusagen der Wirt von unserer Kneipe ›Zum Volkshaus‹. Damit das mit dem 9. November nicht so trocken wird, spendierste mal 'n Bier, Mann. Am besten ›Holsten‹ aus Hamburg.« Was hat aber der Lammert verstanden? Holste'n Biermann aus Hamburg!

Da hat der Norbert den Wolf angerufen, und dann kam der auch.

In seinem Kasten hatte er aber kein Bier, sondern nur eine Gitarre. Dafür aber viel Schaum vorm Mund und sagte süffisant, dass er hier keinen ausgeben will, sondern austeilen, denn sein Beruf wäre Drachentöter. Als das Wort

»Drachentöter« fiel, huschte ein Lächeln über das Gesicht von Horst Seehofer, weil er dachte, er wäre nun gleich die Merkeln los. Aber der Drachentöter blickte nicht nach rechts, sondern nur nach links. Dort wollte er die Reste der »linken Drachenbrut« erschlagen. Offensichtlich mit seiner Gitarre. So wie einst Siegfried mit dem Schwert.

Nun gibt es ja wirklich gewisse Parallelen zwischen den Drachentötern Siegfried und Wolf.

Siegfrieds Vater Siegmund wurde von Hunding ermordet, Wolfs Vater Dagobert von Adolf. Siegfried lernte Waffenschmied bei seinem Stiefvater Mime. Wolf mimte den Reimeschmied unter Aufsicht von Margot Honecker.

Ja, Muttilein, Wolfs Mutter kannte Erichs Frau aus der Zeit, als sie noch Feist war … hieß. Also noch aus dem Krieg. Und deshalb hatte Mutter Biermann die Margot, als sie nicht mehr Feist hieß, gebeten, nach Wolfs Übersiedlung in die DDR auf ihn aufzupassen. Leider hat sie dabei kläglich versagt. Als Bildungsministerin war sie ja auch für den Gitarrenunterricht verantwortlich. Da kriegt ja der Wolf bis heute bloß Töne raus, die so klingen, als würde Siegfried das Schwert dengeln, mit dem er dann zum Drachentöter wurde. Wolf nur zum Nervtöter.

Und so wie der Siegfried nicht unbedingt die hellste Kerze auf der Geburtstagstorte war und deshalb auch nicht merkte, dass er von König Gunther nur als Werkzeug missbraucht wurde, um dessen Macht zu sichern, merkte der Wolf offenbar auch nicht, dass er von Lammert nur als Hofnarr missbraucht wurde, um alles, was sich links bewegt, zu diffamieren.

1976 bei seinem Auftritt in Köln sang er noch: »Ach

Sindermann, du blinder Mann, du richtest nur noch Schaden an.« Und er hatte recht.

Wer nach seinem Auftritt 2014 in Berlin singt: »Ach Biermann, Wolf, du blinder Mann, was richtest du für Schaden an?«, der hat nicht unrecht.

## 22. NOVEMBER 2014

Muttilein, ein Gespenst geht um in Europa. Das Gespenst des Kommunismus.

Und das heißt Bodo.

So ungefähr lauten doch die gespenstischen Kommentare, um die zur Zeit die Journalisten hinter ihrer Tür ringen. Verstehste, was ich meine, Muttilein? Thür-ringen! … Was sagste? … Tür wird doch nicht mit »h« geschrieben … Nee, heute nicht mehr, aber früher schon. Muttilein, ich habe das mal bissel gegoogelt, und da habe ich gelesen, dass Tür und Tor die gleiche sprachliche Wurzel haben. Sie bezeichnen eine undichte Stelle. Befindet sie sich in einer Wand, nennt man sie »Tür«. Ist aber einer im Kopf nicht ganz dicht, nennt man ihn »Tor«. Wenn sich nun mehrere von diesen zusammentun, nennt man diese auf lateinisch Toringi. Auf Deutsch: Thüringer.

Erstmals erwähnt werden die Toringi als geeinter Stammesverband um das Jahr 380. Allerdings nicht, wie lange vermutet wurde, durch Vico Torriani in seinem Lied »Kalkutta liegt am Ganges, Apolda an der Ilm«, sondern durch Flavius Vegetius in einem Buch zur Pferdeheilkunde. Und jetzt, 1634 Jahre später, werden die Toringi wieder berühmt durch eine Rosskur.

Eine Rosskur, Muttilein, ist eine »gewagte Kur, mit ungeheuerlichen Mitteln«, schreiben die Gebrüder Grimm in ihrem Wörterbuch. Und das finden viele ungeheuerlich … Nicht das Wörterbuch, das, was bei den Toringi jetzt abgeht. »Ich könnte kotzen« wird sogar der Sandmann zitiert … Nee, Muttilein, nicht der Sandmann, der im »Abendgruß« des MDR den Leuten Sand in die Augen streut, sondern der Sandmann, der das als Chef vom SPD-Ortsverein Ilmenau tut.

Dabei ist die Angst, dass der Bodo das Gespenst vom Kommunismus wird, völlig unbegründet, finde ich. Der wird höchstens das »Gespenst von Canterville«.

Ja, Muttilein, für die Vermutung gibt es mehrere Parallelen. Das kannste bei Oscar nachlesen … Nee, Muttilein, nicht bei Lafontaine. Bei Oscar Wilde.

In seiner gleichnamigen Erzählung muss das Gespenst herumspuken, weil ein Vorfahre seine Frau umgebracht hatte, so wie die Vorfahren der LINKEN die Idee des Sozialismus. Das »Gespenst von Canterville« wurde aufgefordert, seine rasselnden Ketten mit Schmieröl einzufetten, so wie Ramelow aufgefordert wurde, den Begriff »Unrechtsstaat« für die DDR in den Koalitionsvertrag aufzunehmen. Das Gespenst stolperte über aufgespannte Fäden, Ramelow über einen Vergleich von Stasi und Gestapo.

Das »Gespenst von Canterville« wird mit Wasser übergossen, Ramelow verwässert Marx. Bei dem ist ja bekanntlich die Wirtschaft das Wichtigste. Dieses Ressort will

Bodo aber der SPD überlassen. Dafür übernimmt die LINKE alles, was mit Kindern zu tun hat. Und das aus guten Grund. Weil das »Gespenst von Canterville« nur durch ein unschuldiges Kind erlöst werden kann. Damit wenigstens die Kleinen den Bodo richtig lieb haben, will er für sie ein kostenfreies Kita-Jahr einführen. Und nach dieser guten Tat findet das Gespenst dann seine ewige Ruhe. Jedenfalls das von Canterville.

## 29. NOVEMBER 2014

Zu spät, Muttilein. Eine Woche zu spät!

Na, dass am Sonntag nicht gearbeitet werden soll, meine ich.

Das hat das Bundesverwaltungsgericht doch erst in dieser Woche entschieden.

Das haben wir wahrscheinlich dem Niedermacher … Liedermacher Wolf Biermann zu verdanken. Der war doch am vorigen Sonntag bei Jauch in der Talkshow.

Da hat er uns erklärt, warum Putin ein schlechterer Diktator wäre als Hitler. Weil, sagte Biermann, der Putin nämlich »nicht fähig sei, wie Adolf Hitler, eine Autobahn von Moskau nach St. Petersburg zu bauen.« … Was sagste, Muttilein? … Das haben wir alles noch dem Honecker zu verdanken … Was hat denn der damit zu tun? … Ach so, wenn der den Biermann damals nicht ausgebürgert hätte, würde den heute gar keine Sau kennen und in eine Talk-Show einladen … Ja, schon Muttilein, aber das hilft uns jetzt ooch nicht weiter. Wo willste denn hin mit dem Mann? Du kannst ihn doch nicht schon wieder ausweisen. Höchstens einweisen. Aber wohin? … Was sagste, Muttilein?

Du wüsstest da schon was? Wohin denn? … In die Seehundaufzuchtstation in Friedrichskoog … Och nee, Muttilein, bissel sachlich musste schon bleiben.

Auch wenn der Biermann mit seinem Schnauzbart so aussieht wie ein bräsiger Seehund, ist das eine Beleidigung. Für die Seehunde. Gugge mal, die kleenen Heuler in der Station, die haben alle ihre Mutter verloren. Biermann offensichtlich bloß seinen Verstand. Wenn du nämlich seinen Gedanken mit dem Hitler mal konsequent weiter denkst, dann könnte man ja auch sagen, dass Hitler ein besserer Politiker war als Horst Seehofer, denn Hitler hat für seine Autobahn keine Maut verlangt.

Logischerweise wären dann auch Wowereit und Mehdorn verglichen mit Albert Speer und Hermann Göring Pfeifen, weil die nicht mal einen Flughafen zustande gebracht haben.

Aber solche Gedanken sollen uns ja nun, dank Bundesverwaltungsgericht, erspart bleiben. Jedenfalls sonntags. Ja, Muttilein, das Sonntagsarbeitsverbot gilt für Branchen, ich zitiere mal wörtlich, »in denen die Arbeit am Sonntag nicht nötig ist, um die Bedürfnisse der Bevölkerung zu erfüllen«. Und Gequassel gibt's ja im Fernsehen schon von Montag bis Freitag.

Fakt ist, da gehen die Menschen bei Maischberger dann über den Plasberg und wer Will Illnert noch bei Lanz rein. Also müsste der Jauch am Sonntag gar nicht arbeiten, um die Bedürfnisse der Bevölkerung zu decken. Das ZDF geht da mit gutem Beispiel voran und hält sich sonntagabends schon seit Jahren an das Urteil des Bundesverwaltungsgerichts: Ob's Pilcher oder Lindström sei – Das Hirn hat sonntags arbeitsfrei.

## 6. DEZEMBER 2014

Muttilein, ein Wunder ist geschehen, »ein unbeschreiblich hohes Wunder«!

Diese Worte singt der Tannhäuser bei Richard Wagner. Und wo spielt der? … In der Oper … Toll, Muttilein!

In Thüringen spielt der »Tannhäuser und der Sängerkrieg auf Wartburg«. Gestern hatte da eine neue Inszenierung Premiere. Unter dem Titel »Bodo und der Nervenkrieg im Landtag« … Was sagste, Muttilein? … Ich kann die Wahl von Ramelow zum ersten linken Ministerpräsidenten in Deutschland nicht mit dem Sängerkrieg vergleichen? … Aber hallo!

Beide Veranstaltungen haben was mit Stimmen zu tun. Beim Sängerkrieg hatte der Landgraf Hermann als Souverän verschiedene Sänger aufgefordert, mit ihren Stimmen ein Loblied auf ihn anzustimmen. Und dann mussten die vor dem Landgrafen und der Landgräfin ihre Stimmen abgeben … also, ertönen lassen. Und wer den Souverän am besten besungen hat, der wurde Sieger.

Jetzt ist aber nicht mehr der Landgraf der Souverän in Thüringen, sondern der Wähler … Ja, gut, Muttilein, wegen der Frauenquote auch die Wählerin. Vor denen hatten die Kandidaten bereits im September vorsingen müssen. Da hat der Ramelow Lieder gesungen, die seiner roten Gesinnung am besten entsprachen. Lieder von Herbert Roth. Das kam beim Souverän an. Seinen Wunsch, in die Staatskanzlei einzuziehen, brachte er zum Ausdruck mit dem Lied:

»Kleines Haus am Wald,
zu dir komm ich bald.«

Dann folgte ein Spottlied auf Christine Lieberknecht:

»Wenn ich dich im Dirndl seh,
sich mir gleich der Magen dreh.«

Von Anfang an hatte Bodo aber auf eine Koalition mit der SPD gesetzt. Schmachtend sang er sie an:

»Willst du mein Skihaserl sein,
mein Schatz, ich lade dich ein.«

Bloß, die alte Tante SPD war zu schwach, um den roten Bodo allein auf seiner Pilgerfahrt in das »Kleine Haus am Wald« zu tragen. Als einer, der Lenin gelesen hat, fragte sich der Bodo: »Was nun?«
In dem Moment kam seine Frau und überraschte ihn mit zwei Opernkarten. Für »Tannhäuser«! Und da drin singt ja der Pilgerchor: »Den dürren Stab in Priesters Hand hat er geschmückt mit frischem Grün.« Grün – das isses!,

schreckte Ramelow in seinem Sessel auf. Auf dem Heimweg stellte er sich deshalb flugs unter das Fenster der »Grünen«, und dort sang der Rote von Roth: »Ich wünsch mir einen Jodler von dir.« Und die »Grünen« antworteten dem Roten mit Roth:

»Den Schnee-, Schnee-, Schnee-, Schneewalzer
tanzen wir.
Du mit mir, ich mit dir.«

Und deshalb heißt die neue Regierung in Thüringen ab sofort nach Herbert Roth-Rot-Grün.

## 13. DEZEMBER 2014

Muttilein, theoretisch müssten wir ja jetzt auf den dritten Advent zusteuern.

Wennde auf den Kalender guggst.

Praktisch steuern wir aber offensichtlich auf den dritten Weltkrieg zu.

Wennde in die Zeitung guggst ... Welche Zeitung? Na, hier, unser Anzeigenblatt von Media Markt und Saturn, wo dann immer noch so bissel redaktioneller Teil dazwischengeschaltet ist. Oder besser gesagt, gleichgeschaltet ist. Mit der Bundesregierung.

Na, ist doch wahr, Muttilein! Die Mehrheit des Volkes ist nachweislich gegen Kriege. Ganz egal, ob die nun heiß oder kalt sind. Aber bloß dagegen sein, reicht ja nicht aus.

Man muss auch was dafür tun. Und genau das haben jetzt 60 Prominente aus Politik, Wirtschaft und Kultur getan. Unter dem Motto: »Wieder Krieg in Europa? Nicht in unserem Namen!« appellierten sie an die Bundesregierung, die Abgeordneten des Bundestages und die Medien, ihrer Verantwortung für den Frieden in Europa gerecht zu werden. Und was lese ich dazu in meinem Volksempfänger aus Papier?

Nicht etwa die Stimme des Volkes, sondern nur die Stimme des Chefredakteurs, die die Unterzeichner des Appells als »Alt-Politiker aus Zeiten des kalten Krieges, Wirtschaftslobbyisten und unbedarfte Künstler« angoebbelt. Pöbelt, meine ich natürlich!

'tschuldigung, Muttilein, das war jetzt ein Freudscher Versprecher. Weil es nämlich schon mal eine Zeit gab, wo man im »Völkischen Beobachter« Intellektuelle als »ein Rudel von schwätzenden, faulenzenden und parasitären Gesellschaftstypen« bezeichnete. Das musste dir mal vorstellen, Muttilein! Schorlemmer, Schröder, Roman Herzog, Lothar de Maizière, Margot Käßmann – Altpolitiker des kalten Krieges! Sigmund Jähn ein Wirtschaftslobbyist, Mario Adorf, Klaus Maria Brandauer, Georg Schramm, Reinhard May, Wim Wenders, Christoph Hein – unbedarfte Künstler!!!

In deren Einsatz für den Frieden sieht ein Chefredakteur nur, ich zitiere, »die veralteten Koordinaten in der politischen Analyse, die interessengeleitete Ignoranz und die Weltfremdheit des Appells«.

Da ist es ja auch kein Wunder, dass im gleichen Blatt der Kultusminister von Sachsen-Anhalt für bekloppt erklärt wird, weil er die Werbeaktionen der Bundeswehr an den Schulen erschweren will. Aber, Muttilein, einen Vorteil hat die Zeitung schon: Ich begreife jetzt jeden Tag mehr, was ein Rechtsstaat ist. In ihm müssen ja die Feinde links zu suchen sein. Deshalb wird auch gleich nach seiner Wahl ein Verfahren gegen den ersten linken Ministerpräsidenten in Thüringen eröffnet, weil er 2010 an einer Demo gegen Rechts teilgenommen hat.

Und nun warte ich bloß noch auf den Kommentar eines Chefredakteurs, der uns zu Weihnachten vor der Gefahr von Rot-Rot-Grün warnt: Rotwein, Rot- und Grünkohl.

## 20. DEZEMBER 2014

Muttilein, der Vorwurf, dass »jeden Tag eine andere Sau durchs Dorf getrieben wird« trifft auf Sachsen-Anhalt nicht zu. Jedenfalls nicht auf das Dorf Gladau. Da können die Sauen sich schon lange nicht mehr bewegen. Nicht mal um die eigene Achse. Das nennt sich Kastenstand. Links und rechts eingezwängt zwischen Stahlhalterungen stehen Massen von Tieren immer in der gleichen Haltung. Daher ja der Begriff Massentierhaltung.

Es gab mal Zeiten, da war das Schwein ein Symbol für das Glück. Deshalb hatte es dann immer so ein Kleeblatt in seiner Schnauze. Heute ist so eine arme Sau nur noch Symbol für Profit, und deswegen hat es oft blutigen Schaum vorm Maul.

Früher sang der ungarische Schweinefürst Zsupán im »Zigeunerbaron« von Johann Strauß:

»Mein idealer Lebenszweck
ist Borstenvieh und Schweinespeck.«

Heute singt der holländische Schweinebaron Straathof in Gladau:

»Das Schwein, es schert mich einen Dreck.
Ich mach Profit mit seinem Speck.«

Umso ärmer das Schwein, desto reicher der Züchter. So funktioniert das System. Das Schweinesystem.

Und wir machen da alle fröhlich mit. Das Schnitzel an der Fleischtheke muss ja immer billiger und noch billiger werden. Kein Wunder, wenn die armen Schweine dann in ihrer Scheiße liegen müssen, weil selbst das Stroh zu teuer ist. Das haben wir offensichtlich in unseren Köppen.

Und die schütteln wir dann ab und zu, wie unser Ministerpräsident Haseloff, wenn er sagt: »Wer wie ich mit Tieren großgeworden ist, kann nur mit dem Kopf schütteln, wenn Menschen so mit Mitgeschöpfen umgehen.« Ja, Muttilein, seine Eltern hatten nämlich zwei Schweine, drei Ziegen und Kaninchen auf dem Hof. Und deshalb findet Herr Kaninchenhof … äh, Haseloff das ganz furchtbar.

Bloß, Muttilein, nur Kopfschütteln hilft nichts, genauso wenig wie es den armen Schweinen hilft, dass ein Gericht dem Straathof jetzt verboten hat, weiter Schweine zu halten. Dadurch geht es doch keiner Sau besser. Na ja,

Muttilein, weil das Verbot sich doch nur gegen Straathof als Person richtet, aber nicht gegen seine Betriebe.

Die werden dann eben von einem anderen weitergeführt. Schweinesystem bleibt Schweinesystem.

Oder, um es mit Erhardt zu sagen … Nein, Muttilein, nicht Ludwig Erhard, sondern Heinz Erhardt:

»Der Eber ist oft missgestimmt,
weil seine Kinder Ferkel sind.
Nicht nur die Frau – die Sau – alleine,
auch die Verwandten … alles Schweine!
Doch könnte er das wohl verschmerzen –
grunzt er aus vollem Eberherzen –
wär auf der Welt nicht obendrein
auch noch der Mensch das dümmste Schwein.«

## 27. DEZEMBER 2014

Na, Muttilein, das hat ja noch mal geklappt. Dass wir noch mal Weihnachten feiern konnten, meine ich. Ja, weißte denn, wie lange das noch geht? Überall redense doch schon von der drohenden Islamisierung bei uns. Und dann sitzt du nicht mehr unterm Baum, sondern unter der Burka.

Ich lese hier gerade, Muttilein, am Heiligabend haben Anwohner die Polizei gerufen, weil so ein Mohammed, der in ihrem Haus wohnt, angeblich gerade dabeigewesen wäre, die ISIS lautstark zu verherrlichen. Die Bullen … ich meine die Staatsdiener, die rückten an, suchten die Tür wo Mohammed dran steht, hören dahinter tatsächlich, wie mehrere Männer was von ISIS sangen und forderten »Nehmt sie in unsren Wohnsitz auf!« … An dieser Stelle splitterte auch schon die Tür, und die abendländischen Staatsdiener drückten den Mann zu Boden.

Ja, aber nu kommt's, Muttilein! An der Tür stand gar nicht Mohammed, sondern der Mann hieß nur Moham. Das med. war bloß das Kürzel dafür, dass er Mediziner war.

Er hat auch nicht die ISIS verherrlicht, sondern nur sein Weihnachtsgeschenk gehört. Seine Kollegen hatten ihm Mozarts »Zauberflöte« geschenkt. Und daraus lief gerade die Arie: »O Isis und Osiris«, in welcher der Priester Sarastro ausgerechnet Weisheit und Nächstenliebe predigt … Was sagste, Muttilein? … Wo das passiert ist? … Noch nirgends. Das habe ich mir jetzt bloß ausgedacht.

Aber weeß man's?

Gugge doch mal nach Dresden. Da läuft zwar die »Zauberflöte« in der Semperoper hoch und runter. Aber wenn man da eben nicht mal reingeht, sondern nur draußen daran vorbeiläuft, wie diese PEGIDA, da kann man seine eigenen abendländischen Werte nicht kennen. PEGIDA, Muttilein, das sind diese Patriotischen Europäer gegen Islamisierung des Abendlandes. Im Grunde genommen ist es aber eher ein Paradoxes Entrüstungs Gehabe In Dresdens Altstadt. Natürlich ist das paradox, Muttilein! Sie wollen vor kriminellen Ausländern warnen, laufen dabei aber einem kriminellen Inländer hinterher. Der Organisator Lutz Bachmann ist wegen 16-fachen Einbruchs und Drogendelikten vorbestraft. Aber das zeigt doch, wie verzweifelt die Leute mittlerweile sein müssen, wenn sie beim Demonstrieren nur mit den Füßen loslaufen, den Kopf aber zu Hause vergessen haben. Immer mehr sehen immer weniger Perspektive. Auch die, die sich unter großer Mühe einen kleinen Wohlstand erarbeitet haben, fürchten den Abstieg, weil sie nicht wissen, ob es ihren Kindern einmal gut gehen oder wie hoch ihre Rente mal sein wird. Da soll Altersarmut nicht ihr einziger Mut sein. Deshalb versuchen sie es jetzt mit dem Mut der Verzweiflung. Mit dem reagieren sie sich an den noch Schwächeren ab. Den Flüchtlingen. Dabei rufen sie: »Wir sind das Volk!«

Richtiger wäre aber, wenn sie rufen würden: »Wir sind was folgt!«, wenn unsere Politik so weiter macht. Na ist doch wahr, Muttilein! Die Politik hat doch erst den Popanz des bösen Ausländers an die Wand gemalt.

Wenn Horst Seehofer sagt, die Muslime wären integrationsunwillig, wenn sie kein Klopapier verwenden wollen, das aus deutscher Eiche hergestellt ist ... Ja, Muttilein, das hat er nicht so gesagt. Ich wollte bloß verdeutlichen, dass das eine Scheißhausparole ist. Oder wenn Innenminister Thomas die Misere sagt: »Wir können in Deutschland nicht das Asylantenproblem ausbaden«, meint er doch, dass die Asylanten ruhig weiter im Mittelmeer baden gehen sollen.

Muttilein, die Flüchtlinge sind doch kein unerklärliches Schicksal, sondern ein erklärtes Ziel von Wirtschaft und Politik. Um an ihre Bodenschätze heranzukommen, werden erst nicht genehme Regierungen weggebombt und dann die Lebensgrundlagen für die Bevölkerung gleich mit. Und wenn dann diese Kollateralschäden bei uns

Schutz suchen, läuft der Deutsche lieber einem Kriminellen nach oder hält NPD und AfD für seinen Erlöser. Da bekommt der Begriff »Heil«and aber eine ganz komische Bedeutung.

Das endete schon einmal heillos.

Doch zunächst endet erst einmal nur das Jahr 2014. Und zwar planvoll.

Damit könnte eigentlich auch unsere Rückschau enden, wenn … ja, wenn es nicht mittlerweile üblich geworden wäre, an jeden Film, der gerade vor unseren Augen abgelaufen ist, schon den Trailer für einen neuen dranzuhängen. Im günstigsten Falle.

Manchmal läuft ja auch schon die Werbung dafür als Laufband mitten im Film.

Das ist ungefähr so, als würde in der Oper, während auf der Bühne gerade Othello stirbt, ein Nummerngirl mit einem Schild über die Bühne tänzeln: »Und morgen sehen Sie an dieser Stelle ›Die lustige Witwe‹!«

## WAS WERDEN WIR NUN IM JAHR 2015 SEHEN?

Diejenigen, die gern sehen würden, dass 2015 die Politiker vom Teufel geholt werden, muss ich sofort enttäuschen. An denen scheitert selbst der Teufel. Dazu muss man nicht lange in den Sternen lesen, sondern nur kurz in Goethes »Faust«. Dort kommt bereits Mephisto zu der Erkenntnis:

»Der kleine Gott der Welt bleibt stets von
gleichem Schlag
und ist so wunderlich als wie am ersten Tag.«

Und Goethe muss es wissen. Der war schließlich selbst Minister.

Wie komme ich jetzt auf Goethe? Daran sind die Vereinten Nationen schuld. Sie haben das Jahr 2015 zum »Jahr des Lichts« ernannt.

Und die letzten Worte Goethes waren bekanntlich: »Mehr Licht!«

Diese Forderung will die UNO 2015 zu einer weltumspannenden Initiative erheben: »Ihr Ziel ist es, allen Bürgern dieser Welt – jeden Alters und jeglicher Herkunft – die zentrale Bedeutung von Licht in Wissenschaft und Kultur zu vergegenwärtigen.«

Ist Ihnen was aufgefallen? … Nein? … Dann lesen Sie ruhig noch mal.

»Ihr Ziel ist es, allen Bürgern dieser Welt – jeden Alters und jeglicher Herkunft – die zentrale Bedeutung von Licht in Wissenschaft und Kultur zu vergegenwärtigen.«

Immer noch nicht? … Fehlt da nicht irgendwas? … Es geht nur um Licht in Wissenschaft und Kultur. Von Licht in die Politik zu bringen ist auch 2015 keine Rede.

Als hätte der Dichterfürst aber geahnt, dass seine Forderung dereinst nur halbherzig umgesetzt werden würde, hat er in seinen letzten lichten Momenten an einem Werk gearbeitet, das ein bezeichnendes Licht auf die Politik werfen soll. Angeregt wurde der Dichterfürst dazu offenbar von Richard Wagner, der ihm im Olymp davon erzählte, wie der Regisseur Frank Castorf in Bayreuth die »Götterdämmerung« auf dem Berliner Alexanderplatz spielen ließ (siehe 3. August 2013). Nun begann Goethe, ehrgeizig wie er immer war, seinen »Faust« auch zu aktualisieren und siedelte ihn kurzerhand ein paar hundert Meter weiter an. Im Berliner Reichstag. Aus dem Wissenschaftler Dr. Heinrich Faust wurde kurzerhand ein Hinterbänkler im Bundestag. Da Goethe hier zeitgeschichtlich an der Uhr dreht, nennt man das Werk auch:

## UHR-FAUST – EIN FRAGMENT

*Dr. Faust:* Habe nun, ach! Demokratie,
Gerechtigkeit und Disziplin
und leider auch Bürokratie
durchaus probiert mit großem Bemühn.
Hier sitz ich nun und bin der Tor
im Plenum, wie all die Jahre zuvor.
Heiße MDB, heiße Doktor gar
und führte nie in den zehn Jahr'
herauf, herab und quer und krumm
meine Wähler an der Nase herum.
Fühle mich der Wahrheit verpflichtet,
habe über Missstände berichtet.
Aber was war dafür nun der Dank?
Man setzt mich auf die Hinterbank.
Dort sitz ich nun, reglos und warm,
hab wohl schon Spinnweb unter dem Arm.

Und wenn ich hier stürbe, das kann ich bestärken,
es würde schlussendlich gar keiner merken.
Eh man mich fände, die Gebeine wär'n blank.
Ich würde zum Ötzi der Hinterbank.
Es möchte kein Hund so länger leben,
drum werde ich vollends mich übergeben.
Ich schere mich jetzt, ich Elendshäufel,
samt meinem Mandat endgültig zum Teufel!
*(legt sich einen Strick um den Hals, worauf der Teufel erscheint)*

*Mephisto:* Das braucht Ihr nicht, ich bin doch hier!
Die Unterwelt ist mein Revier!
*Dr. Faust:* Mein Herr, Sie sind im Bundestag!
*Mephisto:* Ja, ja, ich meine, was ich sag.
*Dr. Faust:* Es ist des Volkes Hohes Haus.
*Mephisto:* Ihr glaubt noch an den Nikolaus.
Verzeiht, wenn ich Euch gleich mal schocke,
der Reichstag hat nur deshalb eine Glocke,
damit der hier gemachte Käse
nicht dringen kann in Volkes Neese.
Weil sonst davon ihm würde schlecht.
*Dr. Faust:* Wer seid Ihr denn, dass Ihr so sprecht?
*Mephisto:* Ich bin ein Teil von jener Kraft,
die stets das Gute will und es nicht schafft.
*Dr. Faust:* Mich deucht, Ihr seid ein Psychopath!
*Mephisto:* Ich bin der Geist, der stets bejaht,
und das mit Recht, denn der, der immer nur verneint,
wird ausgelacht, bis dass er weint.
*Dr. Faust:* Doch tut er mit den Wölfen heulen,
holt er sich auf der Seele Beulen.

*Mephisto:* Nicht, wenn er diese mir verschreibt.
Ihr wisset ja, wer schreibt, der bleibt.
*Dr. Faust:* Was ist mit Anstand und Gewissen?
Ich ahne es: Drauf sei geschissen!
*Mephisto:* Nun ja, ich formuliere es kommod:
Drauf eingegeben sei sein Code.
*Dr. Faust:* Was ist mit Bildung und mit Wissen?
Das, was ich weiß …
*Mephisto:* … wirst du nicht brauchen müssen.
Es geht um Geld und Macht, mit Macht und Geld.
*Dr. Faust:* Das ist es also, was die Welt
bis zum Äußersten zusammenhält?
*Mephisto:* Hast du erst Geld, wirst du die Bildung nicht vermissen.
*Dr. Faust:* Zwar weiß ich viel, doch möcht ich alles wissen.
*Mephisto:* Dann, teurer Freund, sag ich dir, geh
doch besser gleich zur NSA.
Die haben da ein Motto sich gedrechselt,
das müsst so ähnlich auch bei meinem Schöpfer stehn:
Der Worte sind genug gewechselt,
lasst uns nun endlich Daten sehn.
*Dr. Faust:* Es wird der Mensch im Datenmeer versinken.
*Mephisto:* Man kann das Wasser lassen, aber es auch trinken.
Und drum, mein Herr, will ich es wagen,
Euch ein Geheimnis anzutragen.
Vergleicht diese Gesellschaft doch mit einer
Champignonzucht.

Aus der gibt es auch schwerlich einen Weg zur Flucht.
Sie ist ein tiefer Keller voller Dung und Mist inmitten,
und guckt einmal ein heller Kopf heraus, wird er gleich abgeschnitten.
Nur in der Horde wird der Mensch zur Klasse.

*Dr. Faust:* Soll ich untertauchen in der modernen Masse?

*Mephisto:* Es ist die richtige Betonung eines Wortes wichtig,
nicht *mo*derne, mo*der*ne Masse – so ist's richtig.
Denn nur im Schwarm, da schwimmt der Mensch sehr gern!

*Dr. Faust:* Das also ist des Rudels Kern.
Da vergeht mir am Leben jeder Spaß.
Weiche von mir! Du … du Satanas!

*Mephisto:* Mich ruft man nicht zum Spaße an.
Ich bin es, der Euch helfen kann.

*Dr. Faust:* Ihr – mir? Habt Ihr denn Referenzen?

*Mephisto:* Wohlan! Bis über alle Grenzen dien ich den Mächtigen der Welt.

*Dr. Faust:* Das tut Ihr? Wie es Euch gefällt?

*Mephisto:* Mit dem Zitat bringt ihr mich arg in Nöte,
weil es von Shakespeare ist und nicht von Goethe.

*Dr. Faust:* Verzeiht, ich will die Frage anders formulieren:
Wie könnt Ihr mit den Mächtigen paktieren?

*Mephisto:* Sie stehn bei mir unter Vertrag.
Auf ewig bis zum jüngsten Tag.

*Dr. Faust:* Dann wird die Welt wohl bald zum Teufel gehn.

*Mephisto:* Da ist sie schon! – Ich find das schön.

*Dr. Faust:* Wenn Ihr schon alle habt, was wollt Ihr dann von mir?
*Mephisto:* Mich treibt ein menschliches Motiv – die Gier.
*Dr. Faust:* Bei mir da ist nicht viel zu holen noch zu kriegen.
*Mephisto:* Ach, in der Not frisst selbst der Teufel Fliegen.
*Dr. Faust:* Mich kriegt Ihr niemals, Satanas!
*Mephisto:* Ich kriege jeden. Wetten, dass …?
*Dr. Faust:* Auf diesem Motto liegt doch längst ein Trauerkranz.
*Mephisto:* Ja, ja, bei mir da schmort auch dieser Markus Lanz.
Und zwar, ich tue kund es:
in einem Kessel Buntes.
*Dr. Faust:* Und Sahra Wagenknecht schürt wohl das Feuer?
*Mephisto:* Bleibt mir vom Leib mit diesem Ungeheuer!
Die kommt mir, was auch kommen wölle,
auf keinen Fall in meine Hölle!
Die machte doch, herrjemine,
aus meiner Höll' gleich einen VEB.
*Dr. Faust:* Und baute dann im Dauerlauf
den Höllensozialismus auf.
Und schüttet's Fegefeuer zu mit Sand.
*Mephisto:* Malt doch den Teufel hier nicht an die Wand!
*Dr. Faust:* Verzeiht, ich wollt Euch wirklich nicht verstören.
Was bietet Ihr mir an? Lasst hören?
*Mephisto:* Ich komm zu Euch als ein privater
Mäzen, Sponsor und Berater.

*Dr. Faust:* Wen habt Ihr denn sonst so beraten?
*Mephisto:* Präsidenten, Diktatoren, Potentaten.
An mich verkauft sich Jedermann.
*Dr. Faust:* Und jede Frau?
*Mephisto:* 's kommt auf die Quote an.
Ob Amis, Russen und Chinesen –
am Teufel wird die Welt genesen.
Barack Obama machte ich zur Drohne.
Dem Putin setzt ich auf die Zarenkrone.
Und schickte ihm den Gerhard Schröder.
*Dr. Faust:* Das war Ihr Einfall?
*Mephisto:* Ja, ein blöder!
*Dr. Faust:* Stimmt! Denn bis heute, da versteh ich Eure Pein,
will den keiner mehr aus russischer Gefangenschaft befrein.
*Mephisto:* Trotzdem ich auch vor Deutschland nicht mehr zauder.
*Dr. Faust:* Ihr habt 'nen Pakt mit Volker Kauder.
*Mephisto:* Wie kamt ihr drauf? 's ist noch geheim.
*Dr. Faust:* Na ja, ich merkte es am Reim.
*Mephisto:* Ja, Volker Kauder möchte gern in meinen Schuhen gehn.
*Dr. Faust:* Das stimmt. Ich hab ihn neulich hinken sehn.
*Mephisto:* Und – wie die Muttersau ihr Ferkel –
berat ich selbst Angela Merkel.
*Dr. Faust:* Uns Änschie auch? Ich werd verrückt!
*Mephisto:* Mit ihr ist mir mein größter Coup geglückt.
*Dr. Faust:* Auch wenn ich Euch mit meiner Frage quäle:
Wie kamt Ihr denn an Änschies Seele?

*Mephisto:* Sie zeigte mir mit Händen und mit List,
*(macht die Raute)*
wo denn genau bei ihr der Eingang ist.
Und ruft sie mich, bin ich zur Stelle,
wenn sie mich braucht, ganz auf die Schnelle.
*Dr. Faust:* Ihr Ruf an Sie, der geht wohl telefonisch?
*Mephisto:* Nein, wir verkehren elektronisch.
Sie muss – der Mode zum Entzücken –
nur dreimal auf die Knöpfe drücken.
*Dr. Faust:* Ach, deshalb diese großen Knöpfe!
*Mephisto:* Politiker sind kluge Köpfe.
*Dr. Faust:* Die sich in Eure Hand begeben?
*Mephisto:* Drum rat ich Euch, bleibt auch am Leben!
Politiker sind zwar geboren,
um in der Hölle einst zu schmoren.
Doch vorher sollten sie sich laben!
Das Paradies auf Erden haben.
Ich hab zum Paradies den Schlüssel.
*Dr. Faust:* Ihr habt 'nen Sprung doch in der Schüssel.
*Mephisto:* Ich mein doch nicht den Garten Eden.
Mein Paradies gibt es für jeden,
der sich auf Machtmissbrauch versteht
und dafür über Leichen geht.
*Dr. Faust:* Das sind doch alles alte, hohle Phrasen,
Politiker könnten nicht tuten, nur Blasen
sprechen zu jedem Thema und jeder Stunde.
Hocken bei Jauch und Plasberg in der Runde.
Verprassen vier Jahre lang nur die Diäten.
Schütten sich voll auf Banketten und Feten.
Sind im Kegel- und im Wandervögelverein

und teilen sich dort in die Aufgaben rein.
Die Einen, die gehen wöchentlich kegeln.
Die Andern gehn wandern, der Rest, der geht v…
*Mephisto:* Pfui! Da wird ja selbst der Teufel rot.
*Dr. Faust:* Nicht jeder Politiker ist ein Despot.
*Mephisto:* Nicht jeder, das sag ich auch immer.
*Dr. Faust:* Mancher ist sogar noch schlimmer.
*Mephisto:* Seht Ihr, jetzt sagtet Ihr es selber.
Es reißen am Ende die Wölfe die Kälber.
*Dr. Faust:* Und dabei soll ich auch noch mitgestalten?
*Mephisto:* Jawohl, Ihr müsst Euch immer nur an jene halten,
die oben an den Hebeln sitzen,
und nicht an die, die unten schwitzen.
Wollt Ihr als Macher profitiern
und Euch selber profiliern,
besiegelt hier, auf dem Papier,
mit Eurem Blut den Pakt mit mir.
*Dr. Faust:* Den Teufelspakt? Ich kenn den Preis.
Ihr wollt die Seele, wie ich weiß.
*Mephisto:* Die Seele, ja! Das ist nicht viel.
Der Rest für Euch ein Kinderspiel.
Karrieresprung wird Euer Hobby,
Wenn Ihr nur fleißig dient der Lobby.
Ihr leget ab die Skrupel und die Zweifel
und schickt den Anstand auch zum Teufel.
Euer die List und auch der Lug!
*Dr. Faust:* Und – lasst mich raten – der Betrug?
*Mephisto:* Wie schnell Ihr lernt, 's ist nicht zu fassen!
Nur Euer Weib müsst Ihr verlassen.

*Dr. Faust:* Das brauch ich nicht, sie hat schon mich!
Ist das nicht alles fürchterlich?
*Mephisto:* Mein Herr, darüber solltet Ihr nicht barmen,
sie liegt bereits in meine Armen.
*Dr. Faust:* Ich ahnte immer schon bei meinem Weib:
Es steckt der Teufel ihr im Leib.
*Mephisto:* Auch die Partei müsst Ihr verlassen,
bei der Union Euch niederlassen!
Dort ziehet an die Niedertracht.
Legt Euch zur Änschie bei der Nacht.
Dank meiner Hülf – ich seh es schon –
sitzt Ihr als Kanzler auf dem Thron!
*Dr. Faust:* Ihr seid ja wahrlich ein Hundsfott!
Als Kanzler ich? O Gott, o Gott!
*Mephisto:* Nicht dieses Wort!!!
Sonst bin ich fort.
*Dr. Faust:* Gib her den Wisch, ich unterschreibe! *(sticht sich in den Finger)*
*Mephisto:* Ich such für deine Seele schon mal eine Bleibe!
Ich sag adieu! Goodbye! Auf Wiedersehn!
*Dr. Faust:* Verweile nicht, du bist nicht schön!
*Mephisto:* Wer will noch haben Geld für Blut? *(geht ins Publikum)*
Am End tät es euch allen gut.
Der ganze Strudel strebt nach oben;
Ihr glaubt zu schieben und werdet doch geschoben.
Ihr gebt kein Blut? Was für ein Jammer.
Ihr seid nicht Amboss, Ihr habt nur ’nen Hammer.
*(kichernd ab)*
*Dr. Faust:* Da geht er hin! Doch dieser Pakt

ist gültig nicht. Das ist der Fakt.
Wenn er es wüsst, ihm käm die Wut,
ich unterschrieb mit fremdem Blut.
Ich seh schon, wie der Teufel tobt,
wenn er bemerkt, ich war gedopt.
Ich könnte laut vor Freude johlen:
Den Teufel wird der Teufel holen.
Und ich mach weiter Politik,
geh in den Bundestag zurück.

*Mephisto: (lachend aus dem Off)*

Ja, der gehört ins hohe Haus,
der selbst noch trickst den Teufel aus!

– VORHANG –

Hier bricht das Fragment leider ab. Dafür möchte ich die Gelegenheit nutzten, um mich bei meinen Kollegen Lothar Bölck und Klaus Dannegger zu bedanken, die bei der Rekonstruktion des Goetheschen Opus mitgeholfen haben. Leider stehen wir als Zuschauer danach auch nicht klüger da, was die Zukunft betrifft:

»Wir stehen selbst enttäuscht und sehn betroffen
den Vorhang zu und alle Fragen offen.«

Das ist zwar jetzt nicht von Goethe, sondern von Brecht, aber man kann ja nie genug kluge Köpfe befragen, wenn es um unsere Zukunft geht.

»Wer in der Zukunft lesen will, muss in der Vergangenheit blättern.«

Gut, diesen Ratschlag des französischen Schriftstellers

André Malraux haben Sie ja nun befolgt. Zumindest was die Jahre 2013/14 betrifft.

Aber wie geht es weiter?

In einer nichtrepräsentativen Umfrage in einer Buchhandlung gaben repräsentative Personen darauf folgende Antworten:

Herr Valentin aus München winkte gleich ab und sagte: »Die Zukunft war früher auch besser.«

Herr Twain aus Florida fiel ihm ins Wort: »Voraussagen sollte man unbedingt vermeiden, besonders solche über die Zukunft.«

»Ach was!«, sagte Herr Nietzsche aus Röcken, der mit seiner Schwester unterwegs war: »Allem Zukünftigen beißt das Vergangene in den Schwanz.« Die Schwester sah peinlich betreten zu Boden.

Herr Lichtenberg aus Ober-Ramstadt bei Darmstadt versuchte die Situation zu retten und formulierte: »Ich kann freilich nicht sagen, ob es besser werden wird, wenn es anders wird; aber so viel kann ich sagen: es muss anders werden, wenn es gut werden soll.« Vom Sagen alleine ändere sich nichts, monierte Herr Goetz aus Halle: »Man soll die Dinge so nehmen, wie sie kommen. Aber man sollte auch dafür sorgen, dass die Dinge so kommen, wie man sie nehmen möchte.«

Noch deutlicher wurde Herr Einstein aus Ulm: »Ich bin nicht sicher, mit welchen Waffen der dritte Weltkrieg ausgetragen wird, aber im vierten Weltkrieg werden sie mit Stöcken und Steinen kämpfen.«

Herr Carl Ludwig Börne aus Frankfurt am Main bestand zunächst einmal darauf, nicht mit dem »Tatort«-

Kommissar aus Münster verwechselt zu werden, bevor er sagte: »Die Lebenskraft eines Zeitalters liegt nicht in seiner Ernte, sondern in seiner Aussaat.«

»Wat redst'n so jeschwolln, Opa? Wer heute Radieschen sät, kann morgen keene Ananas ernten«, rief ein nicht genannt werden wollender Jugendlicher dazwischen.

»Jenau! Wer heute sein' Kopp in' Sand steckt, knirscht morgen mit die Zähne«, kicherte seine Begleiterin, die angab, Anna Nyhm zu heißen.

Herr Reutter aus Gardelegen schüttelte nur den Kopf und unkte: »In fünfzig Jahren ist alles vorbei.«

»Lohnt es sich denn da überhaupt noch, ein Buch zu schreiben?«, fragte ich mich als Autor.

»Aber ja doch«, klopfte mir Herr Mörike aus Ludwigsburg auf die Schulter: »Man muss immer etwas haben, worauf man sich freut.«

ISBN 978-3-359-02463-7


Umschlaggestaltung: Verlag,
unter Verwendung eines Motivs von Regina Pölitz
Druck und Bindung: Druckerei Steinmeier, Deiningen

Die Bücher des Eulenspiegel Verlags erscheinen
in der Eulenspiegel Verlagsgruppe.

www.eulenspiegel-verlagsgruppe.de